KB183411

처음 만나는
에니어그램

엘리자베스 와겔리·레니 바론 지음

이성심·박지애·이은영·이미경·박소형·한병복 옮김

처음 만나는
에니어그램

엘리자베스 와겔리·레니 바론 지음

이성심·박지애·이은영·이미경·박소형·한병복 옮김

에니어그램을 만나고

내가 생각하던 나와 실제의 내가 다름을 알았습니다.
내가 안다고 생각했던 그들이 실제 그들이 아님을 알았습니다.
보이는 행동 뒤에 가려진 그들의 진심이 그제야 보였습니다.

강하게 자신을 주장하고 자기의 것을 지켜내는 그녀가
자신의 연약함을 숨기기 위해 애쓰고 있었음을

모두와 조화를 이루려 편안히 받아주던 그가
타인에게 맞추느라 정작 자신을 잃어버리고 있었음을

언제나 반듯하고, 그래서 늘 더 나은 것을 가르쳐 주려는 그가
사실은 자신에게 더 많은 비난을 쏟고 있었음을

남을 돕느라 웃고 명랑한 그녀가
정작 자신을 돌보고 사랑하는 방법을 몰라 힘들어하고 있었음을

뚜렷한 목표를 향해 달려가는 그가
능력 없는 자신은 무가치하다 여기고 있었음을

남달리 깊고 섬세한 감성을 지닌 그녀가
진심으로 연결되고 싶어 하고 홀로 버려진 듯 외로워하고 있었음을

4

지적인 배움과 분석은 즐거워 하지만 친밀한 관계는 불편해 하는 그가
사실은 어떻게 해야 할지를 몰라 얼어있었음을

누가 뭐라 해도 끝까지 헌신하는 그녀가
그 무거운 짐을 홀로 져야만 하는 줄 알고 힘겨워하고 있었음을

행복하고 신나는 일을 찾아내며 즐기는 그가
고통을 직면하기 두려워 즐거움으로 피하고 있었음을

그동안 이해했다고 생각했던 그들의 행동이
사실은 나만의 해석이었음을 깨닫게 되었습니다.

지금이라도 에니어그램을 알게 되어서 참 감사합니다.

모두 달라서 의미 있는 존재들을 그 모습 그대로 볼 수 있는 시각을 갖게 되어서,
참된 삶의 방향을 알게 되어서, 그 길을 함께 걸으며 위로와 힘을 주고받는 동역자들
을 얻어 기쁩니다.

이 책을 읽는 여러분들도 그렇게 함께 걸어갈 수 있기를 소망합니다.

이성심

5

역자 후기

    이 책은 에니어그램 입문서로서 아홉 가지 유형에 대한 기본적인 내용을 따뜻한 시선의 글과 통찰을 주는 삽화로 설명하고 있습니다. 특히 이 책이 오랫동안 사랑받는 이유 중 하나는 그 의미가 이해되는 순간 감탄할 수밖에 없는 삽화의 매력에 있습니다. 내가 어떤 사람인지 이해하기 쉽게 알려주고 나와 다른 사람의 다름을 한눈에 볼 수 있게 해 줍니다. 여러분은 이 책을 통해 새로운 세상을 만나게 될 것이며 이는 에니어그램 여정의 시작이 될 것입니다.

    저자이신 엘리자베스 와겔리 선생님(2017년 작고)께서 2012년 여름 버클리에 있는 자신의 집으로 초대하여 이 책에 대해 자세히 설명을 해주셨던 것이 감사와 감동으로 남아있습니다.

    2012년에 여러 선생님과 함께 번역한 책을 다시 다듬는 작업을 했습니다. 제 동역자인 이성심, 박지애, 이은영, 이미경, 박소형 선생님과 의미 있고 즐거운 시간을 보내면서 정성껏 만든 이 책이 더 많은 사람들에게 더 나은 삶의 첫걸음이 되기를 소망합니다.

추천사를 써주신 김호순, 윤은희, 권현숙 선생님 감사합니다.

이 책으로 강의를 하시는 동역자 황유연, 박지선, 송혜영, 강소향, 이송희, 김성환, 이지혜, 신상아, 경혜순, 이혜연 선생님들께 감사의 마음을 전합니다.

부모님, 자녀인 단비와 다니엘, 손자 노아 그리고 삶을 통해 만난 모든 분들은 저의 스승이었기에 고맙습니다.

Soli Deo Gloria!
한병복

목차
Contents

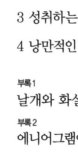

에니어그램에 대하여

에니어그램은 인간의 아홉 가지 기본 유형에 대한 연구이다. 이는 우리가 특정한 방식으로 행동하는 이유를 설명해 주며 개인별 성장을 위한 방향을 구체적으로 제시해 준다. 또한 에니어그램은 가족, 친구, 동료와의 관계를 개선하는 데 중요한 도구가 된다.

에니어그램의 뿌리는 수세기 전으로 거슬러 올라간다. 에니어그램의 기원에 대해 정확히 알려진 바는 없으나, 일반적으로 중동의 수도자들 사이에서 구전되어 내려온 것으로 알려져 있다. 이후 에니어그램은 1920년대에 러시아의 구르지예프G.I.Gurdjieff에 의해 유럽에 소개되었고, 1960년대에 이르러 미국으로 전파되었다.

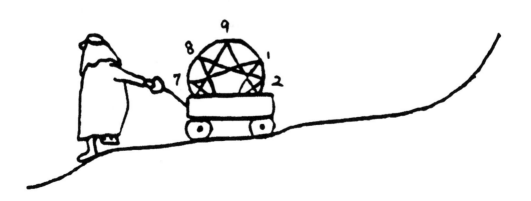

에니어그램은 아홉 개의 점으로 이루어진 하나의 원으로 나타낼 수 있다. 에니어 Ennea는 숫자 '9'를 뜻하는 그리스어이며, 그램gram은 '그림'을 뜻하는 말이다. 즉, 에니어그램은 '아홉 개의 점이 있는 그림'이라는 뜻이다.

우리는 타고난 재능과 능력에 기초한 전략을 계발함으로써 안정감을 느끼고, 가족 상황과 개인이 처한 환경에 대처하는 법을 배운다.

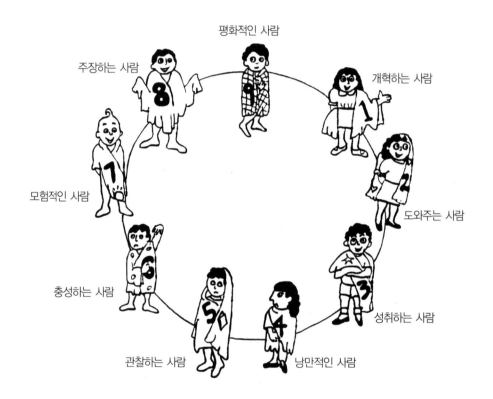

에니어그램 작업을 통해 우리는 자신과 다른 사람들을 더 깊이 이해하고 우리의 행동 패턴을 대체할 수 있는 것들을 배우며 이제까지 사용하던 진부한 대응 전략에서 벗어나 더 넓은 관점에서 인생을 바라보기 시작할 것이다.

같은 유형의 사람들은 기본적으로 같은 동기에 의해 행동하며, 본질적으로 유사한 방식으로 세상을 바라본다. 같은 유형임에도 차이가 생기는 이유는 개인의 성숙도, 부모의 유형, 출생 순서, 문화적인 가치, 개인의 선천적인 성향내향적/외향적이 다르기 때문이다.

에니어그램을 배우게 되면 자신이 알고 있는 사람들을 '유형화'하기 시작한다. 그러나 먼저 자기 자신을 알아가는 데 초점을 두고 열린 마음을 가지기를 바란다. 사람의 유형을 정확하게 파악하기 위해서는 반드시 스스로의 내적 지각이 바탕되어야 한다.

자기 자신과 똑같은 대응 전략을 사용하고 있는
사람이 수백만 명에 이른다는 사실을 알게 되면
안심이 될 수도 있다. 그러나 아홉 가지 유형에서
나타나는 행동 패턴은 사람 수만큼이나 많고 신비하
며 독특하다.

에니어그램 시스템

에니어그램 그림
원 위에 있는 9개의 점들은 하나의 삼각형과 여섯 개의 점을 잇는 도형으로 나누어
볼 수 있다.

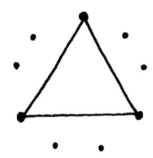
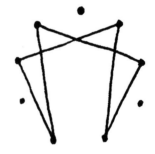

화살
에니어그램 위의 각 점들은 두 개의 다른 점과 연결된다. 이 두 개의 점이 당신의 화
살이다. 안정감을 느낄 때 당신은, 화살이 가리키는 유형의 긍정적인 특성을 취할 수
도 있다. 1-7-5-8-2-4-1, 3-6-9-3으로, 1유형은 7유형으로, 7유형은 5유형으로
향한다. 스트레스를 받을 때는 그 방향이 반대가 된다. 즉 1유형은 4유형의, 4유형은
2유형의 부정적인 특성을 취할 수도 있다. 이러한 화살들은 개인의 성장을 위한 역동
적인 도구가 되며, 이에 대한 자세한 내용은 부록 1에서 다룰 것이다.

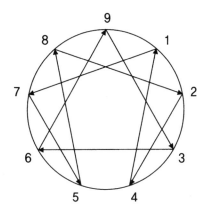

날개

당신의 성격은 당신의 양 옆에 있는 유형에 영향을 받을 수도 있다. 예를 들어, 9유형은 1유형과 8유형의 영향을 받을 수 있다. 이와 같이 이웃하는 유형들이 바로 당신의 날개이다.

어떤 사람들은 성인일 때와 어렸을 때가 서로 다른 유형으로 보일 수 있는데, 이는 화살 또는 날개와 관련이 있다.

아홉 가지 유형에 대한 간략한 소개

1. 개혁하는 사람인 1유형은 현실적이고 양심적이며 원칙을 고수한다. 자신이 세운 높은 이상에 도달하기 위해 분투하며 살아간다.

2. 도와주는 사람인 2유형은 따뜻하고 다른 사람들을 잘 보살피며, 다른 사람들에게 관심을 가지고 그들의 필요를 민감하게 알아차린다.

3. 성취하는 사람인 3유형은 활동적이고 낙천적이며, 자기 확신이 강하고 목표 지향적이다.

4. 낭만적인 사람인 4유형은 정서적으로 섬세하고 연민이 많으며 직관적이다.

5. 관찰하는 사람인 5유형은 지적인 욕구가 강하고 내향적이며, 호기심이 많고 분석적이며 통찰력이 있다.

6. 충성하는 사람인 6유형은 책임감이 강하고 신뢰할 만하며, 가족이나 친구, 소속된 모임이나 조직에 충실하다. 이 유형에 속한 사람들은 내성적이고 소심한 성격에서부터 거침없이 말하고 당당히 맞서는 성격까지 다양하다.

7. 모험적인 사람인 7유형은 에너지가 넘치고 생동감이 있으며 낙천적이고, 세상에 기여하기를 원한다.

8. 주장하는 사람인 8유형은 직선적이고 독립적이며 자신감이 강하고, 다른 사람들을 보호한다.

9. 평화적인 사람인 9유형은 수용적이고 온화하며 다른 사람들을 지지한다. 그는 자신을 둘러싼 사람들과 세상에 연결되기를 원한다.

세 가지 중심

자신의 유형을 찾는 핵심 열쇠는 자신의 '중심'이 무엇인지를 발견하는 것이다. 중심은 장gut, 가슴heart, 머리head라는 세 가지로 구성되어 있으며, 이는 우리 몸을 이루는 세 가지와도 일치한다.

장형, 본능 중심: 분노

주장하는 사람8유형은 자신의 강함을 드러내며, 분노를 표현하는 데 주저함이 없다.

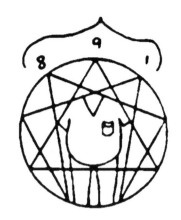

평화적인 사람9유형은 수용적이고 순응하며, 자신의 분노를 잘 알아차리지 못한다.

개혁하는 사람1유형은 분노를 성격적인 결함으로 보고 이를 잘 드러내지 않으려 한다. 이들은 규범과 규칙을 잘 지키며 더 나은 세상을 만들고자 노력한다.

가슴형, 감정 중심: 이미지

도와주는 사람2유형은 사람들을 돌보는 데 관심이 있으며, 사랑의 이미지를 보여주고 싶어 한다.

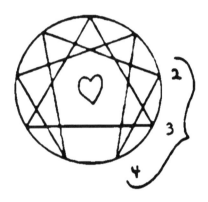

성취하는 사람3유형은 사회적으로 합의된 규범에 비추어 성공한 이미지를 보여 주고 싶어 한다.

낭만적인 사람4유형은 자신의 감정을 표현하고 싶어 하며, 독창적으로 보이려는 강한 욕구를 가지고 있다.

머리형, 사고 중심: 두려움

관찰하는 사람5유형은 자신이 지닌 자원에 의지하며, 어떤 것에 대해 잘 알고 있다고 생각할 때 안정감을 느낀다.

충성하는 사람6유형은 권위 있는 인물에게 인정받거나, 권위에 반항함으로써 두려움에서 벗어나 안정감을 느끼고자 한다.

모험적인 사람7유형은 활동적이고 낙천적이며, 두려움을 포함한 즐겁지 않은 감정들을 회피하려고 한다.

자신의 유형을 발견하는 방법

자신의 유형을 발견하는 방법에는 자신의 중심을 찾아보는 것 외에도 다음과 같은 것들이 있다.

유형 검사 문항

각 장의 맨 앞에 있는 유형 검사 문항들에 답해 보라. 25세 전후현재 25세 미만이라면 지금 의 모습의 습관에 따라 자연스럽게 행동했을 때의 모습과 가장 유사한 문항에 체크하라. 체크된 항목이 가장 많은 유형이 자신의 유형일 수도 있지만, 거기에서 멈추지는 말라. 가장 좋은 방법은 모든 장을 다 읽고 나서 유형 검사 문항들을 체크해 보는 것이다. 만일 두 개의 이웃하는 유형들 중 자신의 유형이 무엇인지 결정할 수 없다면, 그중 한 유형은 다른 하나보다 더 잘 계발된 날개일 수 있다.

에니어그램과 융의 심리 유형 비교

부록 2에서는 융의 심리 유형에 대한 마이어스-브릭스의 검사 문항Myers-Briggs Inventory을 간단히 설명하고, 에니어그램과 융의 심리 유형의 체계를 비교한다. 이러한 작업은 더욱 다양한 차원에서 에니어그램을 보게 할 것이며, 당신의 유형을 찾는 데도 도움이 될 것이다. 중요한 것은, 자신의 유형을 판단할 수 있는 유일한 사람은 자기 자신이라는 점이다. 다른 사람들이 판단한 자신의 유형을 그대로 받아들이지 말라.

만찬에 가기 전에

주의 깊게 지켜보기만 해도 많은 것을 관찰할 수 있다.

— 요기 베라Yogi Berra

관찰하는 사람

5유형은 모든 것을 파악하고 이해하고자 하며 자족하고 어리석어 보이지 않으려는 내면의 동기에 의해 행동한다.

좋은 상태일 때 5유형은	힘든 상태일 때 5유형은
분석적이다	지적으로 오만하다
끈기가 있다	인색하다
민감하다	고집이 세다
현명하다	사람이나 상황에 거리를 둔다
객관적이다	비판적이다
통찰력이 있다	주장하지 않는다
자족하고 독립적이다	부정적이다

21

유형 검사 문항

25세 전후의 자신의 모습현재 25세 미만이라면 지금의 모습을 설명하는 문항에 표시하시오.

☐ 1. 체험보다는 관찰이나 글을 통해 배우는 편이다.

☐ 2. 그 순간에 느끼는 감정을 표현하는 것이 어렵다.

☐ 3. 흥미로운 것에 빠져서 몇 시간씩이라도 혼자 하기를 좋아한다.

☐ 4. 보통 혼자 있을 때 내 감정을 더 깊이 경험한다.

☐ 5. 때로 관대하지 못한 내 모습에 죄책감을 느낀다.

☐ 6. 비판이나 판단에 예민하다는 것을 숨기기 위해 애쓴다.

☐ 7. 호들갑스럽거나 큰 소리로 떠드는 사람들을 보면 불쾌하다.

☐ 8. 집단이나 관습 등에 무조건 순응하는 것은 불편하다.

☐ 9. 내 분야의 전문가들과 어울리는 것을 좋아한다.

☐ 10. 전문적인 직함박사, 교수, 관리자 등을 갖는 것을 좋아한다.

☐ 11. 부정적이고 냉소적이며 의심이 많다는 소리를 듣는다.

☐ 12. 사람들과 어울리는 것이 불편하게 느껴지면 사라져 버리고 싶다는 생각이 든다.

☐ 13. 때로 주장을 내세우거나 공격적인 태도를 취하는 것이 내키지 않는다.

☐ 14. 대부분의 친목 모임을 싫어한다. 차라리 혼자 있거나 잘 아는 몇몇 사람들과
    함께 있는 편이 낫다.

☐ 15. 종종 부끄러워하거나 어색해 한다.

☐ 16. 장시간 사람들과 함께 있으면 피곤을 느낀다.

☐ 17. 남들과 다르다는 느낌을 받곤 한다.

☐ 18. 사람들의 눈에 잘 띄지 않는 편이라서 누군가 나의 어떤 면을 알아차리면 깜짝
    놀라곤 한다.

☐ 19. 행복을 위해 물질적 소유를 추구하지는 않는다.

☐ 20. 침착하게 행동하는 것은 일종의 방어이며 이럴 때 나는 더 강해짐을 느낀다.

5유형이라서 좋은 점

- 인생을 한 발 물러서서 객관적으로 바라본다.
- 일의 인과관계를 파악하고 철저하게 이해한다.
- 사회적인 압력에 굴하지 않고 옳다고 생각하는 것을 행하는 진실성이 있다.
- 물질적인 소유나 지위에 연연하지 않는다.
- 위기 상황에 침착하다.

5유형이라서 힘든 점

- 내가 지닌 지식과 통찰력을 세상에 드러내기까지 시간이 많이 걸린다.
- 내가 방어적이거나 다 아는 것처럼 행동하면 기분이 좋지 않다.
- 원하지 않는데도 사람들과 함께 있어야 할 때 스트레스를 받는다.
- 지식이나 기량이 부족한데도 사회적 수완이 좋아 전문 분야에서 성공한 사람들을 지켜보는 것이 힘들다.
- 내 생각을 간결하게 표현하는 것이 어렵다.

5유형의 전형적인 생각

5유형의 어린이

- 많은 시간을 혼자서 책을 읽거나 무언가를 수집하며 보낸다.
- 많은 친구를 사귀기보다는 소수의 친구들과 특별한 관계를 맺는다.
- 영리하고 호기심이 많다.
- 독립적인 사고방식을 가지고 있으며 편한 사람에게 자주 질문한다.
- 한 발 뒤로 물러서서 정보를 수집하면서 사건을 지켜본다.
- 두려워하고 있다는 것을 들키지 않으려고 무표정한 얼굴을 한다.
- 예민하고, 인간관계에서 발생하는 갈등을 피하고 싶어 한다.
- 자신의 영역이 침해받고 통제 당하며, 상대방이 자신을 무시하고 소홀히 대한다고 느낀다.

5유형의 부모

• 대부분 친절하고 헌신적이며 통찰력이 있다.
• 때로 권위적이거나 자녀에게 요구하는 것이 많다.
• 자녀의 발달 수준에 비해 높은 지적 성취를 요구하기도 한다.
• 자녀가 격한 감정을 드러낼 때 너그럽지 못할 수 있다.

5유형의 직업

5유형은 과학이나 기술 분야 또는 그 외의 지적 능력이 요구되는 분야에 종사한다. 그들은 분석력이 뛰어나며 문제를 해결하는 데 능하다. 4유형의 날개가 발달된 5유형은 상담가나 음악가, 예술가 또는 작가가 될 가능성이 높다. 5유형은 대부분 독립적으로 생각하고 혼자 일하는 것을 좋아한다.

5유형에게 최악의 직업

5유형의 여가 시간

5유형은 보통 책을 읽거나 하나의 주제에 대해 깊이 공부하며 보낸다. 친구들과 활발하게 토론하거나, 콘서트와 박물관, 강연장을 즐겨 찾기도 한다. 이 외에도 지적으로 도전이 되는 게임을 즐기며, 무언가를 수집하고 프로젝트를 수행하거나, 외국의 문화와 관습을 배우기 위해 여행을 떠난다.

5유형의 인간관계

좋은 상태일 때 5유형은 친절하고 통찰력이 있으며, 열린 마음을 가지고 있고 자족하며 상대에게 신뢰감을 준다.

힘든 상태일 때 5유형은 논쟁을 벌이고 상대를 잘 믿지 않으며, 관계 안에서

위축되고 부정적이 된다. 또한 상대에게 휘말려 들지 않으려고 경계를 늦추지 않는다.

5유형에 대한 주변 사람들의 평가

"그녀는 혼자만의 세상을 즐겨요. 혼자서 책을 읽고 집을 정돈하며 음악을 연주하고 세상을 분석하며 시간을 보내는 것이 놀라울 뿐이에요."

"부드럽고 차분한 그의 목소리는 사람을 진정시키는 힘이 있습니다. 그는 어떤 일을 대할 때 색다른 관점을 가지고 있어요. 예를 들어 다른 사람이 무례하게 구는 것조차 흥미로운 사건인 것처럼 대해요."

"그녀에게는 혁신적인 아이디어와 정보가 풍부해요. 저는 그녀가 구사하는 진지하면서도 엉뚱한 유머를 좋아한답니다."

"제 친구가 어떤 주제의 대화이든 참여할 수 있다는 것이 인상적이에요."

5유형과 잘 지내는 법

- 그에게 집착하지 말고 독립적으로 행동하십시오.
- 솔직하면서도 간결하게 말하십시오.
- 생각과 느낌을 처리할 수 있는 혼자만의 시간을 주십시오.
- 당신에게 냉담한 것처럼 보이거나 당신과 거리를 두거나 거만해 보인다면, 그가 불편해서 그럴 수도 있음을 기억하십시오.
- 환영받는다는 느낌을 갖게 해 주십시오. 그러나 과하면 그가 당신의 진정성을 의심할 지도 모릅니다.
- 같은 말을 반복하게 하지 마십시오. 그는 심사숙고하여 이야기하는 성격이기 때문에 그렇게 하면 짜증을 낼 수 있습니다.
- 막무가내로 밀어붙이지 마십시오.
- 그는 규모가 큰 파티나 시끌벅적하고 요란한 소리들, 격한 감정들, 사생활 침해와 같은 것들을 싫어합니다. 이런 것들을 가능한 피할 수 있도록 해주십시오.

5유형을 위한 실질적인 제안

생각에서 벗어나 행동하기
- 어리석어 보일지라도 위험을 감수하고 소신을 밝히십시오. 실언할지도 모른다는 두려움 없이 말하는 사람들을 따라 해보십시오.
- 창의적인 활동이나 스포츠 활동에 참여함으로써 좀 더 활동적인 사람이 되십시오.

- 현재의 삶을 소중히 여기십시오.
- 감정을 표현하는 방법을 배우기 위해 그룹 코칭 모임이나 신체 표현 활동에 참여해 보십시오.

> 갈등을 피하지 마세요.
> 당신의 의견을 피력하세요.
> 당신의 견해를 고수하세요.

관계

- 자신의 생각을 이야기할 때 길게 이론을 펴는 경향이 있다면, 일단 그 내용을 두세 문장으로 압축하여 제시한 후 사람들이 흥미 있어 하는지 살피고 대화를 이어가십시오.
- 모임에서 당신이 무언가를 알고 있다는 것을 드러내고 싶은 충동을 알아차리십시오.
- 어떤 사람이 당신에게 중요한 인물이라면 그에게 그 사실을 알려주십시오.
- 다른 사람에게 무언가를 주고 싶을 때는 망설이지 말고 그렇게 하십시오.

> 이렇게 편안한 모임이 있을 줄은 몰랐어요!

공부벌레들의 모임

- 상대에게 당신이 원하는 바를 요구하십시오.
- 사람들과 더 많은 관계를 맺고 싶다면, 당신이 이야기를 하든 안 하든 개의치 않는 그룹 코칭에 참여해 보십시오.

5유형에게 힘든 일

- 동료들이 잘 모르는 영역에 대한 해박한 지식을 드러내지 않기
- 시끌벅적한 파티 열기
- 고등학교 동창회의 회장직에 자원하기
- 오로지 사회면만 보려고 신문 구독하기
- 중고차 영업 사원이나 화장품 방문 판매원 되기
- 식물에 학명이 아닌 친근한 이름을 붙이기
- 단 한 순간도 혼자 있게 내버려 두지 않는 사람들과 보름 동안 함께 지내기

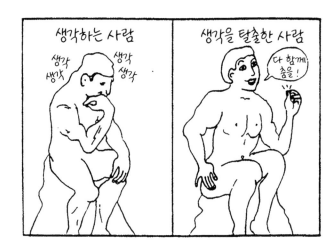

5유형이 스스로에게 들려주어야 하는 말

• 무언가를 진정으로 이해하려면 직접 경험해 보고
  사람들과 상호작용하는 것이 중요해.
• 이미 가지고 있는 개념이나 범주에서 벗어나면
  개인적으로 더욱 충만함을 경험할 수 있을 거야.
• 꼭 제일 똑똑한 사람이 될 필요는 없어.

나는 새로운 인생철학을 만들어 가고 있다.
그것은 바로, 그날 걱정은 그날만 하는 것이다.
　　　　　　　　　　　　　　　－찰스 슐즈Charles M Schulz

6 충성하는 사람

6유형은 안전하고자 하는 내면의 동기에 의해 행동한다. 공포에 순응하는 6유형은 권위자로부터 인정받기를 원하고 겉으로 두려운 감정을 드러내는 반면 공포에 대항하는 6유형은 권위자에 대항하고 두려움에 직면하는데 한 사람 안에서도 이러한 두 가지 측면이 다 나타날 수 있다.

좋은 상태일 때 6유형은	힘든 상태일 때 6유형은
충직하다	지나치게 조심한다
호감을 준다	통제하려 든다
잘 보살핀다	예측 불가능하다
따뜻하다	판단하려 든다
연민이 많다	피해망상에 사로잡혀 있다
재치가 있다	방어적이다
실질적이다	융통성이 없다
잘 도와준다	문제를 더 악화시킨다
책임감이 있다	짜증을 잘 낸다

유형 검사 문항

25세 전후의 자신의 모습**현재 25세 미만이라면 지금의 모습**을 설명하는 문항에 표시하시오.

☐ 1. 권위 있는 사람을 만나면 긴장이 된다.

☐ 2. 자주 의심에 시달린다.

☐ 3. 명료한 지침을 원하고 현재 자신의 위치를 알고 싶어 한다.

☐ 4. 위험한 상황에 대비하느라 늘 긴장하고 있다.

☐ 5. 상황을 너무 심각하게 받아들인다.

☐ 6. 문제가 생길 만한 것은 없는지 끊임없이 자신에게 묻는다.

☐ 7. 종종 비판을 공격으로 받아들인다.

☐ 8. 상대방이 무슨 생각을 하는지 계속 생각한다.

☐ 9. 매우 열심히 일하는 편이다.

☐ 10. 친구들은 내가 충직하고 지지를 잘 해주며 연민이 많은 사람이라고 생각한다.

☐ 11. 유머 감각이 뛰어나다는 말을 들어왔다.

☐ 12. 규칙을 잘 지키기도 하고 **공포순응형**, 깨뜨리기도 **공포대항형** 한다.

☐ 13. 친밀한 관계에서 더욱 쉽게 상처받고 불안해하며 짜증을 낸다.

☐ 14. 일을 미루기도 하지만 위험한 상황에 뛰어들기도 한다.

☐ 15. 감언이설로 나를 조종하려 드는 사람들을 잘 알아챈다.

☐ 16. 예측 가능한 상황을 좋아한다.

☐ 17. 내가 성공하는 데 있어 방해가 되는 것은 바로 나다.

☐ 18. 무슨 일이 있어도 사람들을 지지해 줄 수 있다.

☐ 19. 정돈되고 질서가 잡혀있을 때 더욱 삶을 잘 관리하고 있다는 생각이 든다.

☐ 20. 허세 부리는 사람을 싫어한다.

6유형이라서 좋은 점

공포순응 6유형
- 가족과 친구들에게 충실하며 헌신적이다.
- 책임감을 가지고 열심히 일한다.
- 사람들을 연민의 눈으로 바라본다.
- 지적이며 재치가 있다.

공포대항 6유형
- 관행이나 규범을 잘 따르지 않는다.
- 위험에 용감하게 맞선다.
- 직설적으로 자신의 주장을 펼친다.

6유형이라서 힘든 점

오늘은 어제 걱정했던 그날.
내일은 오늘 걱정하고 있는 날.
그 다음 날은 그 전날 걱정했던 날…

- 무언가를 결정할 때 끊임없이 고민한다.
- 자신감이 부족하고, 실패할까 두려워서 일을 미룬다.
- 남들에게 버려지거나 이용당할까봐 두려워한다.
- 앞으로 일어날 위험에 대해 미리 걱정하고 염려하다 지쳐버린다.
- 일을 제대로 하기 위해 일할 때 필요한 원칙을 적어놓은 책이 있으면 좋겠다고 생각한다.
- 내 기대에 부응하는 삶을 살지 못하면 심하게 자책한다.

6유형의 전형적인 생각

힘내! 아직 최악의 상황은 아니야.

6유형의 어린이

- 사람들에게 호감을 주고
  다정하며 믿음을 주는 반면
  빈정대고 거만하며 고집스럽다.
- 위험한 일이 일어나지는 않을까
  지나치게 경계하며 불안해한다.
- 가장 친한 친구들이나 가족과
  함께 '상대편과 맞서
  대항하는 무리' 를 만든다.
- 자신을 보호하기 위해 어떤
  단체나 권위자를 찾거나,
  또 그 권위에 의문을 가지고 반항하기도 한다.
- 가정 폭력, 예측 불가능한 가정, 지나치게 염려하는 부모에게서 자란 경우 더 두려
  움에 사로잡힐 수 있다.

6유형의 부모

- 자녀를 사랑으로 잘 돌보며, 자녀에 대한 강한 의무감을 가지고 있다.
- 때로 자녀를 독립시키기 주저한다.
- 자녀가 입게 될 상처에 대해 그 이상으로 걱정한다.
- 때로 자녀에게 안 된다고 이야기하거나 경계를 설정하는 것에 어려움을 느낀다.

6유형의 직업

6유형은 거의 모든 직업에서 찾아볼 수 있지만 특히 법조계, 군대, 기업, 학계 쪽의 직업에 매력을 느낀다. 그들은 대부분 팀의 일원으로 일하는 것을 좋아하며, 많은 6유형들이 건강관리 분야나 교육계에 종사한다. 공포대항 6유형은 때로 위험을 감수하는 직업을 선택하기도 한다. 또한 권위적인 문화를 싫어하는 6유형은 자기 사업을 할 때 더 행복해 한다. 6유형은 작업의 제반 여건이 만족스럽지 않으면 자신의 생각이나 마음을 숨기거나 반항적이 된다.

6유형의 여가 시간

6유형은 에너지가 넘치며 눈코 뜰 새 없이 바쁘게 지낼 때가 많다. 그들은 다른 여덟 유형들이 하는 활동도 하고 그 외의 시간에는 운동과 자연을 즐기며 보낸다. 어떤 이들은 사회적 약자를 돕는 단체에 참여하기도 한다. 또한 공포대항 6유형은 자주 위험한 활동에 참여하고 반사회적인 단체에 가입하기도 한다.

6유형의 인간관계

좋은 상태일 때 6유형은 따뜻하고 쾌활하며, 개방적이고 충직하다. 잘 지지해 주고
정직하며 공평하고 신뢰할 만하다.

힘든 상태일 때 6유형은 의심이 많고 지배하려 들며,
융통성이 없고 빈정댄다. 위협을 받으면 물러나거나 혹은
강력히 대항한다.

6유형에 대한 주변 사람들의 평가

"우리 소대장님은 절대로 실수하지 않습니다! 그는 책임감을 가지고 어느 부대원보
다 더 많은 사건을 해결해 왔습니다."

"그는 우리 회사에서 가장 열심히 일하는 관리자로, 의지하고 신뢰할 만한 사람입니
다. 그는 풍부한 유머 감각을 바탕으로 직원들의 사기를 높여 줍니다."

"그녀는 훌륭한 교사입니다.
선생님의 따뜻함과 통찰력 덕분
에 저는 열심히 공부해서 좋은
대학에 들어갈 수 있었습니다."

"그녀는 지적이고 충실하며 사
랑스러운 친구예요. 그녀는 약속
을 잘 지키고 내가 필요로 할 때
늘 도움을 주죠."

비행 공포증을 가진 사람들을 돕는 집단

6유형과 잘 지내는 법

- 직접적이고 분명하게 이야기하십시오.
- 그의 말을 주의 깊게 들으십시오.
- 그가 불안해한다고 나무라지 마십시오.
- 그를 도와 함께 문제를 풀어 나가십시오.
- 우리 사이에 문제가 없음을 확신시켜 주십시오.
- 함께 웃고 농담을 즐기십시오.
- 그가 새로운 경험에 발을 들일 수 있도록
  부드럽게 이끌어주십시오.
- 그가 보이는 과민 반응에 강하게 반응하지
  마십시오.

내가 맘 편히 걱정할 수 있도록
도와줘

6유형을 위한 실제적인 제안

자신감

- 수용적이고 신뢰할 만하며 용기를 주는 사
  람들과 어울리려고 노력하십시오.
- 사람들이 당신에 대해 긍정적으로 이야기
  하는 것을 그대로 믿고 받아들이십시오.
- 당신은 당신이 느끼는 두려움을 변화시키
  고 극복할 수 있으며, 두려움에 대처하는
  방법을 배울 수 있습니다.
- 살아가는 데 있어 단 하나의 '옳은' 방식만
  있는 것은 아닙니다. 당신이 하고 있는 일
  이 무엇이든 그 안에서 만족하면 됩니다.

- 누군가 당신에게 잘했다고 말해 주기를 기다리지 말고 스스로를 격려하십시오.
- 당신을 돌보고 성장시키는 방식으로 자신에게 편지를 쓰거나 자신과의 대화를 시도
  하십시오.
- 실수해도 괜찮다는 것을 기억하십시오.

관계

> 나는 항상 사람들 안에 있는 최고의 모습을 믿어주려 한다.
> 그것은 아주 많은 문제를 해결하는 열쇠가 된다.
> – 러드야드 키플링Rudyard Kipling

- 스트레스에 과민 반응하는 당신의 태도가 사람들에게 부정적인 영향을 줄 수도
  있다는 것을 기억하십시오.
- 당신이 정말 원할 때만 베푸십시오. 그렇지 않으면 당신은 녹초가 돼 버릴 것입니다.
- " …라고 생각하나요?" 혹은 "…라고 생각하시는 것 같은데 제 말이 맞나요?"와 같
  은 말로, 당신이 현재 상황을 제대로 이해하고 있는 것인지 다른 사람에게 물어보십
  시오.
- 과도한 긴장과 불안에 대처할 수 있는 유머 감각을 익히십시오.

일

- 당신의 강점에 집중하고, 열심히 일하는 당신의 모습을 인정해 주십시오.

- 일을 나누어서, 한 번에 한 가지의 일만 처리하십시오.

- 너무 많은 일을 떠맡아서 과로하거나 스트레스를 받는다는 느낌이 들면, 할 수 있는 만큼만

끝까지 연주하라. 죽을 만큼 두려울 지라도!

하고 나머지는 다른 사람들에게 맡기십시오.

- 사람들이 당신만큼 빠른 속도로 일하지 못할 때에도 인내하십시오.

불안과 공포

- 두려워하고 있는 자신을 비난하지 말고, 두려움을 관찰하십시오.

- 불안할 때는 사실 관계를 확인해 보십시오. 예를 들어 비행기 추락에 대한 두려움이 있다면, 비행기 추락 사건이 일 년에 몇 번이나 발생하는지에 대한 통계를 확인해 보는 것입니다.

- 불확실한 상태에 놓여있음을 받아들이십시오. 언제까지나 불확실한 상태가 계속되지는 않을 것입니다.

- 호흡과 명상, 시각화 기법 등을 시도해 보고, 스트레스를 줄이는 것과 관련된 강좌에 참여해 보십시오.

- 걱정이 되어 마음이 편하지 않을 때는 평화로운 장면을 떠올려 보십시오. 그리고 그 장면 속으로 깊이 들어가서 심호흡을 하십시오. 이것을 규칙적으로 연습하십시오.

- 휴식을 취할 때 스스로를 게으르다고 여기지 마십시오.
- 걷기나 가벼운 운동, 스포츠 경기 같은 신체 활동을 해 보십시오.

6유형에게 힘든 일

그녀는 실직한 것이나 나이 들어가고 있다는 사실 때문에
불행하다고 생각하지 않는다

- 밤에 흔히 들리는 소리를 강도가 아닌 고양이 소리라고 확신하기
- 가장 친한 친구의 아끼는 꽃병을 깬 자신을 용서하기
- 이직을 고려할 때 친구들에게 의견을 묻지 않기
- 새로운 치료사나 의사를 만났을 때 그들이 가진 자격증에 대해 어떤 질문도 하지 않기
- 중요한 물건을 사고 난 후 현명한 선택을 했다고 자신하기

6유형이 스스로에게 들려주어야 하는 말

• 어떤 상황에도 대처할 수 있는 힘이 있어.

• 나는 강하고 침착해. 나는 할 수 있어.

• 오늘 나는 괜찮았어. 내일도 괜찮을 거야.

• 나는 나의 결정을 신뢰하는 법을 배우고 있는 거야.

• 위험을 감수하거나 실수를 해도 괜찮아.

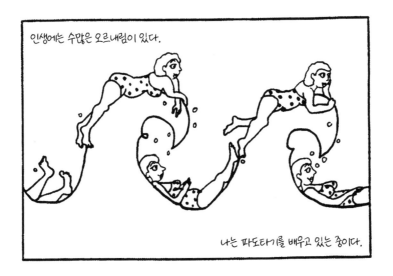

인생에는 수많은 오르내림이 있다.

나는 파도타기를 배우고 있는 중이다.

인생은 한 번뿐이다.
그러나 제대로 산다면 한 번으로도 족하다.
— 조 루이스 Joe E. Lewis

7 모험적인 사람

7유형은 흥미로운 일을 계획하고 행복해지기를 원한다. 그들은 세상에 기여하고 고통과 아픔을 피하고자 하는 내면의 동기에 의해 행동한다.

좋은 상태일 때 7유형은	힘든 상태일 때 7유형은
재미를 추구한다	자아도취에 빠져 있다
자발적이다	충동적이다
상상력이 풍부하다	산만하다
생산적이다	반항적이다
열정적이다	제멋대로이다
민첩하다	소유욕이 강하다
자신감이 있다	지나치게 들떠 있다
매력적이다	자기 파괴적이다
호기심이 많다	가만히 있지를 못 한다

유형 검사 문항

25세 전후의 자신의 모습(현재 25세 미만이라면 지금의 모습)을 설명하는 문항에 표시하시오.

☐ 1. 인생을 즐기며 낙천적이고, 웬만한 것에는 제약을 받지 않는다.

☐ 2. 의무감을 느끼거나 신세진다는 느낌을 받는 것을 싫어한다.

☐ 3. 늘 바쁘고 에너지가 넘치며, 하고 싶은 일을 할 때는 지루한 줄 모른다.

☐ 4. 종종 위험을 감수하면서 말하거나 행동한다.

☐ 5. 비슷한 목표를 가진 쾌활한 친구를 잘 찾아낸다.

☐ 6. 한 분야의 전문가는 아니지만 다방면에 능한 편이다.

☐ 7. 여러 일을 왔다 갔다 하며 일하는 스타일이고, 계속해서 움직이는 것을 좋아한다.

☐ 8. 다른 사람들에 비해 슬픔이나 상실감에서 빨리 벗어나는 편이다.

☐ 9. 나 자신을 좋아하며, 스스로를 아끼는 편이다.

☐ 10. 사람들을 좋아하며 대체로 그들도 나를 좋아한다.

☐ 11. 내가 원하는 것은 어떻게든 얻어 낸다.

☐ 12. 재치 있는 것을 가치 있게 여긴다.

☐ 13. 세상에 무엇인가를 기여하고 싶어 하는 이상주의자다.

☐ 14. 어딘가에 헌신하고 싶은 마음과 독립적이고 자유롭게 생활하기를 원하는 마음 사이에서 갈팡질팡한다.

☐ 15. 집단에 속해 있을 때 편안함을 느낀다.

☐ 16. 사람들이 기분이 안 좋을 때, 그들의 기분을 풀어주고 그들이 밝은 면을 볼 수 있도록 노력한다.

☐ 17. 신나는 일을 하거나 여행가는 것을 좋아한다.

☐ 18. 다른 사람들에게 어느 때는 열등감을, 어느 때는 우월감을 느낀다.

☐ 19. 생각하는 대로 말하는 편이며 그로 인해 곤경에 빠지기도 한다.

☐ 20. 사람들을 돕기 위해서라면 큰 희생도 마다하지 않는다.

7유형이라서 좋은 점

• 낙천적이어서 삶에서 부딪히는 문제들로 인한 낙담에서 빨리 벗어난다.

• 즉흥적이며 자유로운 영혼을 가지고 있다.

• 거침없이 이야기하고 별나게 행동하는 것을 즐긴다.

• 관대하며, 세상을 더 나은 곳으로 만들려고 노력한다.

• 위험을 감수하며 짜릿한 모험을 거침없이 시도한다.

• 다재다능하고 관심사도 다양하다.

7유형이라서 힘든 점

• 하고 싶은 것을 다 할 수 있을 만큼의 충분한 시간이 없다.

• 한번 시작한 일을 잘 마무리하지 못한다.

• 한 우물을 파지 못하는 성격이어서 한 분야의 전문가로서의 혜택을 누리지 못한다.

• 계획한 일을 잊어버리거나 공상에 빠지는 등 비현실적인 경향이 있다.

• 일대일 관계에서 상대방에게 구속된 느낌을 받는다.

언제나 선택의 여지는 남겨 두어야지!

7유형의 전형적인 생각

7유형의 어린이

- 활동적이며 모험을 감행한다.
- 분위기를 북돋워 사람들을 신나게 만든다.
- 혼자 있는 것보다 친구들과 함께 있는 것을 더 좋아한다.
- 원하는 대로 하기 위해 어른들도 설득하는 수완이 있다.
- 어른이 되어 하고 싶은 대로 마음껏 할 수 있는 자유를 얻기를 고대한다.

7유형의 부모

- 열정적이고 관대하다.
- 자녀가 많은 모험을 할 수 있기를 바란다.
- 자기 할 일에 신경 쓰느라 매우 바쁘다.

7유형의 직업

7유형 중 많은 사람들이 동시에 여러 개의 직업을 가지고 있거나, 여행을 많이 하는 직업**파일럿, 승무원, 사진작가 등**에 종사한다. 어떤 이들은 도구나 기계를 다루거나 밖에서 활동하는 직업을 좋아하고, 어떤 이들은 사업가나 분쟁 조정자와 같이 문제를 해결해 주는 일을 한다. 또한 어떤 7유형은 교사, 간호사, 코치와 같이 사람들을 돕는 직업에 종사하기도 한다. 그러나 7유형은 반복적인 일**대량 생산의 조립 라인, 회계직 등**을 좋아하지 않는다. 그들은 무엇인가에 도전하는 것을 좋아하며 위급 상황에 두뇌 회전이 빠르다.

7유형의 여가 시간

7유형은 여행을 가거나 극한의 스포츠**스카이다이빙, 행글라이딩, 암벽등반, 자동차 경주**를 즐긴다. 또한 재미있고 장난스런 대화를 나누거나 새로운 것을 배우고, 재미있는 이벤트를 기획하기도 한다. 스포츠나 게임을 즐기거나 새로운 요리법을 시도하는 일도 7유형이 즐기는 일 중 하나이다. 책을 읽거나 콘서트, 영화, 연극, 오페라 등을 보러 간다. 또는 어떤 명분을 위해 일하거나 다양한 프로젝트에 참여하는 등 끊임없이 움직인다.

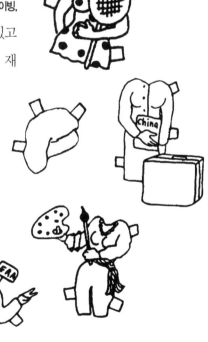

7유형의 인간관계

좋은 상태일 때의 7유형은 밝고 관대하며 남을 잘 돌보고, 외향적이며 재미있다. 또한 친구와 연인에게 새로운 활동을 소개하고 그들을 모험의 세계로 이끈다.

 힘든 상태일 때의 7유형은 자아도취적이고 자기 의견만을 고집하는 경향이 있으며, 방어적이고 산만하다. 또한 어떤 관계에 묶이는 데 양가감정을 자주 느낀다.

7유형에 대한
주변 사람들의 평가

"기분 전환이 필요할 때는 7유형인 친구에게 전화를 걸어요. 그 친구와 통화를 하고 나면 긍정적으로 생각하게 되고 활력을 얻게 되거든요. 항상 그랬어요."

"그 친구는 새로운 아이디어와 가능성에 푹 빠져 있어요. 요즘엔 재즈에 흥미를 가지고 거의 모든 재즈 CD를 구했어요. 작년에는 석 달 동안 동굴을 탐험했고, 그전에는 프랑스에서 요리학교도 다녔지요."

내 걱정은 하지 말아요. 그녀는 혼자서도 충분히 행복하니까요.

"그녀의 삶은 우리에게 영감을 줍니다. 그녀는 아프리카에 병원을 세우고 수백 명 아이들의 생명을 구했어요. 지금 그녀는 병원에서 아픈 아기들을 돌보고 있어요. 그녀는 주말에 파티를 열기도 하고 산에 오르거나 온천에 간답니다."

"그분은 완벽한 할아버지였어요. 우리는 몇 시간씩 그 분의 작업장에서 나란히 앉아 일하곤 했어요. 야구장에 가거나 시내에 있는 할아버지의 친구들을 만나러 가기도 했고, 시골길을 달리기도 했어요. 할아버지는 밤이 되면 예전에 광산에서 일하던 시절 이야기를 해 주시곤 했어요. 또 어떤 때는 틀니를 꺼내 그것을 덜그럭거리며 저를 웃기곤 하셨지요."

7유형과 잘 지내는 방법

요점만 간단히 말하세요. 저는 빙빙 돌려 말하는 것은 질색입니다.

- 그와 우정을 나누고 그에게 애정을 가지며 자유를 주십시오.
- 흥미진진하고 유쾌한 대화를 나누십시오.
- 그의 원대한 꿈을 이해해 주고 이야기에 귀를 기울이십시오.
- 스타일을 바꾸려 하지 말고, 있는 그대로의 모습을 받아들이십시오.
- 당신 자신에 대해 책임을 지십시오. 그는 그에게 너무 매달리거나 도움을 많이 요구하는 사람들을 싫어합니다.
- 그에게 무엇을 하라고 지시하지 마십시오.

나를 구속하지 마세요!

7유형을 위한 실제적인 제안

건강

- 건강한 식습관, 수면습관, 운동습관을 계발하십시오. 어떤 7유형은 불규칙한 생활 습관으로 자신의 건강을 해치는 경향이 있습니다.
- 운동을 배우거나 운동 프로그램에 참여하십시오.
- 스트레스를 받을 때 지나치게 먹고 마시거나 돈을 쓰지 않도록 주의하십시오.

스트레스

- 갖고 싶은 것에 집중하기보다는 이미 가지고 있는 것에 감사하십시오.

감당할 수 없는 계획은 세우지 마십시오

- 문제가 생기면 언젠간 없어지겠지 하는 마음으로 회피하지 말고, 스트레스가 쌓이지 않도록 친구나 코치에게 이야기하십시오.
- 현실 감각을 익히고 세상에 대한 균형적인 시각을 견지하기 위해, 인생의 좋은 면만이 아닌 부정적인 면도 생각해 보십시오. 긍정적인 사고가 모든 문제를 해결할 수는 없다는 것을 깨달아야 합니다.
- 당신의 부정적인 감정을 받아들이고 그것이 지나갈 것임을 믿으십시오.

관계

- 친밀한 관계에서는 함께 보내는 시간과 떨어져 보내는 시간의 양이 문제가 될 수 있습니다. 이 문제에 대해 미리 대화하고 의견을 조율하십시오.

남의 말을 잘 들어 주십시오

- 배우자와 더욱 친밀해질 수 있도록 단 둘이 보내는 시간을 따로 떼어 놓으십시오.
- 모든 것을 다른 사람의 입장에서 보려고 노력하며, 상대의 기분이 상하지 않도록
  눈치 있고 센스 있게 행동하십시오.
- 사람들이 당신에 대한 이야기를 할 때 열린 마음으로 듣고 관계 향상을 위해 적용
  해 보십시오. 예를 들어 이런 말입니다. "당신은 내가 어떻게 하루를 보냈는지에 대
  해서는 전혀 물어보지 않는군요."
- 다른 사람들이 무엇을 원하는지 물어보십시오. 7유형은 종종 자신이 자기중심적이
  라는 사실을 인식하지 못합니다.

모든 인간관계는 쌍방 통행임을 명심하십시오!

일

• 자기 사업을 고려해 보십시오.

• 다른 사람들이 당신의 속도에 맞출 수 있을 거라고 기대하지 마십시오.

• 당신이 할 수 있는 다른 일들을 상상하지 말고 지금 하는 일에 집중하십시오.

• 7유형은 종종 재미가 없으면 그 일을 해야 할 이유를 찾지 못하곤 합니다.
  그러나 어려운 일을 마무리 하면 성취감도 그만큼 크다는 것을 기억하십시오.

• 당신의 이상을 실현할 수 있는 직업을 찾으십시오.

7유형에게 힘든 일

• 새 책을 읽기 전에 지금 읽고 있는 책들을 끝까지 다 읽기

• 일주일 동안 할 일의 목록을 작성하고 이를 정확하게 지키기

• 과장하지 않고 이야기하기

• 명상 센터에서 6개월 동안 명상하며 보내기

• 친구 한 명과 하루 종일 같이 있으면서 그에게 일을 빨리 끝낼 수 있는 방안을
  제안하지 않기

• 전화 상담 센터에서 자원 봉사를 하며 사람들의 슬픈 이야기를 들어주기

• 12시간 동안 자기 문제를 시시콜콜 털어 놓는 친구와 함께 있기

7유형이 스스로에게 들려주어야 하는 말

• 어두운 면과 밝은 면을 균형 있게 바라볼
  때 좀 더 명확해지고 진실해질 거야.
• 이 정도면 충분해. 더 이상은 필요치 않아.

화 난 상태로 잠자리에 들지 말라.
일어나 싸우라!

주장하는 사람

8유형은 독립적이고 강해지고자 하며, 의존적이거나 나약하다는 느낌을 피하고자 하는 내면의 동기에 의해 행동한다.

좋은 상태일 때 8유형은	힘든 상태일 때 8유형은
직접적이다	통제하려든다
권위가 있다	반항적이다
충직하다	둔감하다
에너지가 넘친다	지배하고자한다
현실적이다	이기적이다
사람들을 보호해 준다	회의적이다
자신감이 있다	공격적이다

유형 검사 문항

25세 전후의 자신의 모습_{현재 25세 미만이라면 지금의 모습}을 설명하는 문항에 표시하시오.

- [ ] 1. 내가 원하면 내 생각을 주장하거나 공격적인 태도를 취할 수 있다.
- [ ] 2. 누군가에게 이용당하거나 조종당하는 것은 참을 수 없다.
- [ ] 3. 솔직하고 직접적으로 말하는 것이 좋다고 생각하기에 나의 속내도 다 드러내는 편이다.
- [ ] 4. 개인주의적이며 관행을 잘 따르지 않는다.
- [ ] 5. 나는 스스로를 지킬 줄 아는 사람을 존중한다.
- [ ] 6. 사랑하는 사람들을 보호하기 위해서라면 어떤 일이라도 한다.
- [ ] 7. 옳다고 생각하는 것을 위해 싸운다.
- [ ] 8. 약자를 지원한다.
- [ ] 9. 결정을 내리는 일이 어렵지 않다.
- [ ] 10. 다른 사람을 의지하지 않고 자신을 신뢰하는 것은 중요하다.
- [ ] 11. 음식이나 약물을 탐닉한다.
- [ ] 12. 어떤 사람들은 나의 직설적인 태도에 마음이 상한다.
- [ ] 13. 새로운 집단에 들어가면 누가 가장 강한지 금세 파악한다.
- [ ] 14. 일을 열심히 하고, 어떻게 일을 처리해야 하는지 잘 안다.
- [ ] 15. 집단 안에서 때로는 참여자가 아닌 관찰자가 된다.
- [ ] 16. 신나고 흥분되는 것을 좋아한다.
- [ ] 17. 때로 상대를 툭툭 가볍게 치는 것을 좋아하는데, 편안한 사이일 때는 특히 그렇다.
- [ ] 18. 깊이 신뢰하는 사람에게는 연약함을 보이고 사랑을 표현한다.
- [ ] 19. 지나치게 친절을 베풀거나 아부하는 사람들을 보면 신경에 거슬린다.
- [ ] 20. 가식적인 것을 보면 특히 비위가 상한다.

8유형이라서 좋은 점

- 독립적이며 자립적이다.
- 주도적이고 도전적인 상황에 정면으로 맞선다.
- 용감하고 단호하며 솔직하다.
- 인생을 최대한으로 즐긴다.
- 가까운 사람들을 지원해 주고 힘을 실어주며
  보호해 준다.
- 정의롭다고 생각하는 일을 지지하며 밀고 나간다.

8유형이라서 힘든 점

사회에서는 8유형의 특성인 강함과 대담함을 '남성적인' 특성으로 간주한다. 그래서 8유형의 여성들은 사회적으로 어려움을 겪는 경우가 있다.

- 의도하진 않았지만, 사람들이 나의 직설적인 면에 상처를 받거나 압도당해 피하곤 한다.
- 사람들의 무능함을 가만히 놔두고 볼 수가 없다.
- 위험을 무릅쓰고 도와줬는데도 고마워하지 않는 사람들을
  보면 화가 난다.
- 손해를 입거나 부당한 대접을 받은 것을 결코
  잊지 못한다.
- 자신을 지나치게 압박하는 경향이 있다.
- 자신의 규칙을 사람들이 지키지 않거나
  일이 제대로 진행되지 않으면 속이
  부글부글 끓어오른다.

8유형의 전형적인 생각

어설프게 맞는 것보다는 확실하게 틀리는 것이 더 낫다.
– 탈루아 뱅크헤드Tallulah Bankhead

8유형의 어린이

- 독립적이며 내적인 힘과 투지를 가지고 있다.
- 때로 독불장군처럼 행동한다.
- 다른 사람의 통제를 받지 않으려고 좀처럼 주도권을 내려놓지 않는다.
- 사람들의 약점이 무엇인지 잘 알아차린다.
- 화가 나면 말이나 행동으로 상대를 공격한다.
- 자신이 집에서 가장 힘이 센 사람이라고 생각하거나, 경제적으로 어렵고 폭력적인 환경에서 자랐기 때문에 자신이 가족을 책임져야 한다고 생각한다.

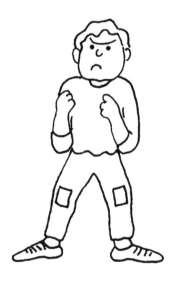

8유형의 부모

• 보통 자녀를 잘 돌보며 함께하고 자녀에게 충실하고 헌신적이다.
• 때로는 자녀를 과잉보호한다.
• 자녀에게 요구하는 것이 많고 엄격하며, 자녀를 통제하려고 한다.

8유형의 직업

8유형은 권한을 행사하는 위치에 있기를 원하며 앞장서서 일을 추진하는 데 능하다. 또한 스스로 선택할 수 있는 자유를 누리기 위해 사업을 벌이며 경제적 안정에 대한 욕구가 강하다. 8유형 중에는 사업가, 회사 경영진, 변호사, 군인, 노조 지도자, 스포츠계 인사들이 많다. 그들은 남을 가르치거나 돕는 일, 또는 의료계에 종사하기도 하고, 어려운 문제를 맡아 해결하거나 자진해서 책임감을 발휘할 수 있는 분야에서 일하기도 한다.

8유형의 여가 시간

8유형은 신체적으로 도전하는 활동을 좋아하며, 종종 어떤 명분이 있을 때 더 열심히 참여한다. 그들은 에너지가 넘치며 야외 활동을 즐긴다.

8유형의 인간관계

좋은 상태일 때 8유형은 충직하고 남을 잘 보살펴주며, 긍정적이고 쾌활하며 솔직하다. 또한 신뢰할 만하고 헌신적이며, 관대하고 남을 잘 지원해 준다.

힘든 상태일 때 8유형은 요구 사항이 많고 오만하며, 전투적이고 소유욕이 강하다. 또한 비타협적이고 남의 약점을 빨리 찾아낸다.

8유형에 대한 주변 사람들의 평가

"그 사람과 함께 있으면 속에 있는 말을 솔직하게 털어놓을 수 있어요. 제가 솔직하게 이야기하지 않으면 그를 실망시킬 것 같아요."

"그녀는 아주 파격적이죠! 남들이 뭐라고 생각하든 상관없이 자기가 좋아하는 스타일로 옷을 입어요. 저는 그녀의 그러한 태도와 개성에 놀랍니다."

"그녀는 활기차고 강력하면서도 현실적입니다. 그녀는 사람들이 선뜻 하지 못하는 말도 용기 있게 하지요. 저도 그런 그녀를 보면 속에 있는 말을 해야 할 것 같다는 생각이 들어요."

"그는 매우 현실적으로 회사를 경영합니다. 그는 어떻게 업무를 위임해야 하는지 알고 있으며, 상황에 민첩하게 대처하기 위해 만반의 태세를 갖추고 있습니다. 그는 당신이 무엇을 해야 하는지 정확하게 알고 있지요. 그런 점에서 보면 그는 매우 유능한 지도자라고 할 수 있습니다."

그는 강력한 힘을 소유하고 있지만
내적으로는 부드러운 영혼을 가지고 있다

8유형과 잘 지내는 법

• 당신 자신과 그를 위해 맞서 대응하십시오.
• 강인해지고 자신감을 가지십시오. 그리고 그에게 직접적으로 이야기하십시오.
• 그에 대한 뒷이야기를 하거나 그의 신뢰를 저버리는 일은 하지 마십시오.
• 당신의 감정과 연약함을 그에게 보이십시오. 그도 부드럽고 상처받기 쉬운 내면이 있음을 기억하십시오.
• 그가 혼자 있을 수 있는 공간을 마련해 주십시오.
• 그의 공로를 인정하되 아부는 하지 마십시오.
• 그의 단정적인 말투를 당신에 대한 공격으로 여기지 마십시오.
• 고함을 지르거나 악담을 퍼붓고 성을 낼 때는, 그냥 그것이 그의 대처 방식일 뿐이라는 것을 기억하십시오.

나는 가깝게 연결된 느낌이 좋다

8유형을 위한 실제적인 제안

관계

- 사람들의 경험이나 관점을 묵살하거나, 틀렸다고 입증하려 하지 마십시오.
- 직설적인 태도가 당신의 의도와 상관없이 타인을 위협할 수 있음을 기억하십시오.
- 감사의 마음을 말로 더 자주 표현하십시오.
- 당신 자신에게 하듯 사람들을 몰아붙이지 마십시오.
- 툭툭 가볍게 치고받는 것이 8유형에게는 활력을 주는 일일 수 있지만, 대부분의 다른 유형에게는 그렇지 않다는 것을 기억하십시오.
- 예의바른 태도로 협상하는 방식을 배우십시오.

복수하지 않는 것보다 더 명예로운 복수는 없다.
– 스페인 속담

분노

- 상처를 주는 말이나 행동에 대해 즉시 화를 내는 경향이 있습니다. 화를 내기 전에 왜 상처를 받았는지 합리적으로 이야기하면 감정 폭발을 방지할 수 있습니다.
- 상담모임에서 당신의 분노에 대해 털어놓거나, 당신을 지지해 주는 친구들과 이를 상의하십시오.

자신을 돌보기

- 당신의 순응적이지 않고 별난 행동을 수용해주고 좋아해주는 사람들을 찾으십시오.
- 당신의 단도직입적인 접근 방식을 존중해 주고, 당신에게 솔직하게 이야기해 줄 수 있는 사람들과 함께 일하십시오.
- 만약 어떤 것에 중독되어 있다면 회복 프로그램에 참여하십시오.
- 자신에 대한 비현실적인 기대를 가지지 않도록 주의하십시오.
- 신체 활동이나 창의적인 활동을 하며 즐거운 시간을 보내십시오.

8유형에게 힘든 일

- 점잖은 말로 표현하기
- 다른 사람과 생각이 다를 때 자신의 의견을 내세우지 않기
- 누군가 더 잘할 수 있으리라는 생각을 하며 대표직을 내려놓기
- 운동경기에서 이기려고 최선을 다하지 않기
- "괜찮아요. 당신 마음대로 하세요"라고 말하기

대부분의 8유형은 모욕을 당했을 때 그냥 지나칠 수 없다

8유형이 스스로에게 들려주어야 하는 말

• 내가 신뢰하는 사람들에게 나의 부드럽고 다정한 면을 보여 줘도 돼.

• 좋은 관계를 형성하기 위해 소소한 타협을 자주 하는 것은 가치 있는 일이야.

나는 해야 할 일이 생길 때 미루는 편이다.

평화적인 사람

9유형은 평화로운 상태를 유지하고 다른 사람들과 잘 지내고 싶어 하며, 갈등을 피하고자 하는 내면의 동기에 의해 행동한다. 특히 그들은 나머지 여덟 유형의 특성들을 모두 가지고 있어, 부드럽고 온화한 성격에서부터 독립적이고 강인한 성격에 이르기까지 다양한 성격의 사람들이 속해 있다.

좋은 상태일 때 9유형은	힘든 상태일 때 9유형은
상냥하다	멍한 상태가 된다
평화롭다	잘 잊어버린다
너그럽다	고집스럽다
인내심이 있다	사로잡힌다
수용적이다	무신경하다
외교적 수완이 있다	수동적인 공격성이 있다
생각이 열려 있다	판단하려 든다
공감을 잘한다	주장하지 않는다

유형 검사 문항

25세 전후의 자신의 모습(현재 25세 미만이라면 지금의 모습)을 설명하는 문항에 표시하시오.

□ 1. 종종 자연이나 사람들과 하나가 된 느낌을 받는다.

□ 2. 어떤 것을 선택하든 장단점이 있다는 것을 알고 있기에 무언가를 선택하는 것이 어렵다.

□ 3. 사람들과 함께 있을 때 내가 무엇을 원하는지 잘 모를 때가 있다.

□ 4. 사람들은 내가 마음이 편해 보인다고 하지만 실제로는 불안함을 느낀다.

□ 5. 꼭 해야 할 일을 뒤로 미루고 별로 중요하지 않은 일을 먼저 하곤 한다.

□ 6. 주변에서 언짢은 일이 벌어지면 잠시 동안 다른 생각을 하려고 애쓴다.

□ 7. 누군가와 의견 충돌이 생기면 보통 맞서지 않고 피하는 편이다.

□ 8. 일과가 정해져 있지 않으면 거의 아무 일도 하지 않는다.

□ 9. 마지막까지 미루는 경향이 있긴 하지만 그래도 일을 끝내는 편이다.

□ 10. 대체로 침착하고 서두르지 않는 편이지만, 가끔 지나칠 때가 있다.

□ 11. 누군가 내게 명령하거나 통제하면 고집을 부린다.

□ 12. 하루 중 휴식 시간은 꼭 가지려고 한다.

□ 13. 때로 부끄럽거나 나 자신에 대해 확신하지 못할 때가 있다.

□ 14. 동료나 친구들과 함께 어울리는 것을 좋아한다.

□ 15. 서로 도와주고 조화를 이루는 관계는 매우 중요하다.

□ 16. 평가에 민감하고, 비판을 개인적인 공격으로 받아들인다.

□ 17. 사람들의 말을 잘 들어주고 지지해 주는 편이다.

□ 18. 부정적인 면보다 긍정적인 면에 초점을 둔다.

□ 19. 물건을 버리기 어려워한다.

□ 20. 관성의 원리에 따라 움직인다. 무언가를 시작하면 지속하는 것은 어렵지 않으나 시작하기가 어렵다.

9유형이라서 좋은 점

- 판단하지 않고 있는 그대로를 받아들인다.
- 사람들을 돌보고 그들에게 관심을 가진다.
- 긴장을 풀고 좋은 시간을 보낼 수 있다.
- 사람들이 나와 함께 있는 것을 편안해하며 즐거워한다.
- 다양한 측면에서 문제를 바라볼 수 있기 때문에 중재자나 조력자가 될 수 있다.
- 감각적이고 심미적인 안목이 발달했으며, 현실 감각이 뛰어나다.
- 자연스러운 흐름에 몸을 맡기며 세상과 연결된 느낌을 받을 수 있다.

9유형이라서 힘든 점

- 얌전하거나 우유부단하다고 평가받거나 오해 받는다.
- 결단력과 절제력이 부족해서 자책하게 된다.
- 비판에 매우 민감해서 남들이 눈살을 찌푸리거나 입술을 실룩거리는 것에도 일일이 신경을 쓴다.
- 내가 진정 원하는 것이 무엇인지 혼란스럽다.
- 사람들이 나를 어떻게 생각하는지에 대해 지나치게 신경을 쓴다.
- 사람들이 내 말에 귀 기울이지 않거나 진지하게 받아들이지 않는다.

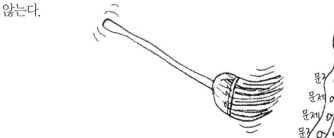

9유형의 전형적인 생각

9유형의 어린이

- 사람들이 자신을 무시하고 자신의 요구나
  의견, 감정을 소홀히 여긴다고 느낀다.
- 사람들이 논쟁을 벌일 때는 신경을 꺼
  버린다.
- 소위 말하는 '착한 아이'이기 때문에,
  겉으로 분노를 드러내지 않고 마음속에
  간직하거나 분노를 부인한다.

9유형의 부모

• 친절하고 따뜻하며 자녀들을 지지해 준다.
• 자녀들에게 지시하지 않는 편이며, 때로 지나치게 허용적이다.

9유형의 직업

9유형은 사람들의 말을 들어주면서도 객관적인 입장을 유지할 수 있기 때문에, 탁월한 중재자나 외교관이 될 수 있다. 9유형 중 많은 이들이 남을 돕는 직업에 종사하며, 어떤 이들은 군대, 관료 조직과 같은 구조가 잘 갖춰진 곳에서 일한다. 9유형이 3유형이나 6유형으로 움직이거나, 1유형이나 8유형의 날개의 영향을 강하게 받으면 더욱 공격적이고 경쟁적이 된다.

9유형의 여가 시간

9유형은 매우 융통성이 뛰어나, 편히 쉬는 것부터 극한의 에너지를 소모하는 활동에 이르기까지 다른 여덟 유형들의 전형적인 여가 활동을 모두 소화할 수 있다.

9유형의 인간관계

좋은 상태일 때 9유형은 친절하고 부드러우며, 사람들을 지지해 주고 안심시킨다. 또한 충직하며 사람이나 상황에 대해 섣불리 판단하지 않는다.

힘든 상태일 때 9유형은 고집스럽고 수동적인 공격성을 보이며, 자기주장을 내세우지 않고 다른 사람이 하자는 대로 순응하며 방어적이다.

9유형에 대한 주변 사람들의 평가

"그녀와 함께 있으면 늘 마음이 편안해집니다. 저를 있는 그대로 받아 주는 친구거든요."

"저희 부장님은 제가 아는 사람 중 가장 인내심이 많고 통찰력이 있는 분입니다. 그분이 저를 판단한다고 생각해 본 적이 없어요. 부장님의 그런 면 덕분에 더 열심히 일하게 되더군요."

"그는 제 말을 경청한 후에 제가 미처 깨닫지 못한 진짜 문제가 무엇인지를 간파합니다."

그는 모든 사람과 연결되어 있다

"제 친구는 자전거 여행, 래프팅, 고래 관찰, 돌고래 타기 같은 활동에 저를 데려가서 긴장하게 만듭니다. 또, 겨울이 되면 우리는 환경, 평화, 새로운 과학 운동, 인류학 등에 관한 강의를 듣습니다."

9유형과 잘 지내는 법

- 그에게 무언가를 하게 하려면 어떤 방법으로 요청하느냐가 중요합니다. 그는 특히 기대를 하거나 강요받는 것을 싫어합니다.
- 그가 사람들의 말을 잘 들어주고 사람들에게 도움이 되는 것을 좋아한다고 해도 그것을 이용하지는 마십시오.
- 다소 두서없이 얘기하더라도 끝까지 들어 주십시오.
- 어떤 일을 끝내거나 결정을 내릴 만한 시간을 주십시오. 이때 판단은 하지 말고 슬쩍 알려 주십시오.
- 명확하게 이해할 수 있도록 그에게 질문을 하십시오.
- 그의 어떤 모습을 좋아하는지 말해 주십시오. 추켜세우는 말을 싫어하지는 않습니다.
- 안아 주십시오. 그리고 스킨십을 통해 애정을 표현하십시오. 그렇게 하면 그의 마음이 자연스럽게 열릴 것입니다.
- 발전적인 토론은 좋아하지만 대립은 싫어한다는 것을 기억하십시오.
- 함께 웃으면서 인생의 즐거움을 나누십시오.

9유형을 위한 실제적인 제안

관계

- 상황이 저절로 변하기를 기대하지 말고, 변화를 위해 당신이 행동하십시오.
- 다른 사람들의 의견에 따르기보다, 그들로 하여금 당신이 관심 있어 하는 일에 참여하도록 요청하십시오.
- 다른 사람과 얘기할 때 듣기만 하지 말고 당신의 문제를 이야기해 보십시오.

- "잘 모르겠는데"라거나 "당신이 원하는 거라면 다 괜찮아"라고 말하는 대신, "내가 결정하면 알려 줄게"라고 말해 보십시오.
- 혼자 있고 싶을 때는 사람들에게 솔직하게 표현하십시오.
- 당신의 의견과 감정을 표현하십시오. 작은 파도가 일렁여도 괜찮습니다.

분노

- 분노를 인식하고 이를 적절히 표현하는 방법을 배우십시오. 많은 9유형들은 분노를 억누르다 어느 순간 화산이 폭발하듯 분노를 터뜨립니다.
- 알지 못하는 사이에 다른 사람들에게 분노의 감정을 표출할 수 있습니다. 그전에 당신이 먼저 당신 안의 분노를 알아차릴 수 있도록 노력하십시오.
- 판단하는 느낌이 드는 때를 알아차리십시오. 그것은 위장된 분노입니다.
- 사실은 그렇지 않은데도 모든 것이 괜찮은 것처럼 행동하지 마십시오.
- 당신 안에 쌓여 있는 분노의 감정을 느끼는 방법을 배우십시오.

일

- 목표를 세우는 것 자체를 미루는 경향이 있으므로, 매일 간단하게 당신이 이루고 싶은 일들을 써 보십시오. 이때 가장 중요한 일을 제일 먼저 한다는 원칙을 고수하십시오.
- 하나의 목표를 달성한 후에 그 다음 목표를 정하며, 분명한 기한을 정해 목표를 세우십시오.
- 일단 시도하십시오. 일의 모순이나 결과에 대한 것은 그 후에 다루어도 됩니다.
- 하나의 일을 완성하고 난 후에는 당신 자신에게 보상을 해 주십시오.
- 목표에 집중하며 일을 진행할 수 있도록 시간 관리 기술을 배우십시오.
- 좋아하는 음악을 들으면서 잡다한 집안일을 할 수 있는 분위기를 만들어 보십시오.

9유형은
일단 시작하면 멈출 수가 없다

미루는 버릇과 의사결정

- 뚜렷한 목표를 정하십시오. 9유형은 자신이 무엇을 원하는지 확실히 알면 매우 효율적으로 일을 처리할 수 있습니다.
- 본능적으로 무언가 옳다는 생각이 들면 그대로 행하십시오.
- 원하는 것을 찾기 위해 원치 않는 것은 제거하십시오.
- 색깔이나 감촉과 같이 감각적으로 당신을 기분 좋게 만드는 것에 따라 결정을 내리십시오.
- 먼저 사소한 문제에 결정을 내리는 것을 연습해 본 뒤에 더 큰 문제로 나아가십시오.

9유형은 머리끝까지 화가 치밀 때까지
분노의 감정을 미루는 경향이 있다

자존감

- 신체 운동 프로그램에 참여하십시오. 태권도와 같은 무술은 9유형에게 좋습니다.
- 무언가를 먹거나 약물을 복용하는 것, 텔레비전을 보거나 늦잠을 자는 것, 혹은 책을 읽는 것으로 당신의 문제를 외면하려고 하지 마십시오.
- 어떤 사람과 헤어졌을 때 곧바로 다른 사람을 만나기보다, 헤어진 사람과의 관계에서 좋았던 점과 그렇지 않았던 점이 무엇이었는지 돌아보는 시간을 가지십시오.
- 독립심을 기르기 위해 배우자뿐 아니라 다른 사람들과도 유대관계를 만들어 보십시오.
- 당신에게 문제가 생기면, 친구에게 "충고는 안 해도 되니 잘 들어주기만 해 줘"라고 말하십시오.

당신의 재능을 보여 주고, 사람들과 함께하라

9유형에게 힘든 일

- 배우자가 권위적인 태도로 원치 않는 일을 하라고 말할 때 즉시 따르기
- 공격적인 토크쇼 진행자를 불러내 설전을 벌이기
- 가족 모임을 떠들썩한 분위기로 만들기
- 배우자에게 그가 원치 않는 곳으로 여행을 갈 것이라는 사실을 미리 오래 전에 알려서, 그것 때문에 싸울 시간을 많이 확보하기
- 모임에 속한 사람들에게 자신이 화가 났다는 사실과 각 사람이 정확히 어떻게 자신을 화나게 했는지에 대해 이야기하기
- 위로받기 위해 간절한 마음으로 전화한 친구에게 "나는 지금 얘기하고 싶지 않아"라고 말하기
- 매우 비판적인 태도를 가지고 상대와 마주하기

9유형이 스스로에게 들려주어야 할 말

- 내가 원하는 것을 요구할 거야.
- 나의 분노를 인정하고 그것을 에너지로 전환하는 방법을 배울 거야.
- 섣불리 사람들의 기대에 부응하려 하기보다 약간 죄책감을 느끼는 게 나을 수도 있어.
- 내게도 무슨 일이든 해낼 수 있는 충분한 능력이 있어.

만찬에서

나에게도 결점은 있을 수 있지만
그것이 잘못된 것은 아니다.
− 지미 호파Jimmy Hoffa

1

개혁하는 사람

1유형은 자신과 그들을 둘러싼 세상을 보다 나은 상태로 만드는 것을 포함해서, 인생을 바르게 살아가려는 내면의 동기에 의해 행동한다.

좋은 상태일 때 1유형은	힘든 상태일 때 1유형은
윤리적이다	판단하려 든다
신뢰할 수 있다	융통성이 없다
생산적이다	독단적이다
현명하다	강박적이다
이상적이다	비판적이다
공정하다	지나치게 심각하다
정직하다	통제하려든다
정돈되어 있다	불안해한다
자기 훈련이 잘 되어 있다	질투를 한다

유형 검사 문항

25세 전후의 자신의 모습현재 25세 미만이라면 지금의 모습을 설명하는 문항에 표시하시오.

☐ 1. 질서정연하게 잘 짜여진 것을 좋아한다.

☐ 2. 즉흥적으로 행동하는 것이 어렵다.

☐ 3. 일을 제대로 마무리 못하는 것에 자주 죄책감을 느낀다.

☐ 4. 사람들이 규칙을 어기는 것을 보면 기분이 좋지 않다.

☐ 5. 문법에 맞지 않는 표현이나 맞춤법이 틀린 단어를 보면 신경에 거슬린다.

☐ 6. 세상을 더 나은 곳으로 만들기 원하는 이상주의자이다.

☐ 7. 시간 약속을 철저히 지키는 편이다.

☐ 8. 한번 분을 품으면 오래 가는 편이다.

☐ 9. 나는 실용적이고 합리적이며 현실적인 사람이라고 생각한다.

☐ 10. 질투를 느끼게 되면 두려워하며 경쟁적이 된다.

☐ 11. 쉴 시간이 없거나 쉬어서는 안 된다고 생각한다.

☐ 12. 대상을 옳고 그름, 좋고 나쁨의 기준에서 보는 경향이 있다.

☐ 13. 중요한 물건을 살 때에는 그 전에 관련된 것들을 철저히 분석한다.

☐ 14. 사람들로부터 평가받거나 비판받는 것을 질색한다.

☐ 15. 다른 사람과 나 자신을 자주 비교한다.

☐ 16. 내게 있어 진실과 정의는 매우 중요하다.

☐ 17. 해야 할 일은 너무 많은데 시간이 부족하다고 느낀다.

☐ 18. 하겠다고 결심한 일은 거의 다 한다.

☐ 19. 걱정이 끊이질 않는다.

☐ 20. 세세한 것까지도 완벽하게 하려고 한다.

1유형이라서 좋은 점

- 자기 훈련이 잘 되어 있으며 큰일을 해낼 능력이 있다.
- 세상을 더 나은 곳으로 만들기 위해 열심히 일한다.
- 높은 기준과 윤리 의식을 가지고 있기 때문에 자신과 타협하지 않는다.
- 합리적이고 책임감이 강하며 헌신적이다.
- 통합적인 사고를 하고 이해력이 좋으며 지혜로운 해결책을 제시한다.
- 자신과 사람들에게서 최상의 모습을 이끌어 내려 한다.

1유형이라서 힘든 점

- 기대치에 못 미칠 때 자신과 사람들에게 실망한다.
- 지나친 책임감으로 인해 부담을 느낀다.
- 충분히 잘하고 있다고 생각한 적이 한 번도 없다.
- 사람들이 내가 그들을 위해 한 일에 대해 고마워하지 않으면 화가 난다.
- 사람들이 나만큼 열심히 일하지 않는 것 같아 속상하다.
- 이미 한 일이나 해야 할 일에 대한 강박관념이 심하다.
- 신경이 날카롭고 걱정이 많으며 매사에 지나치게 심각하다.

1유형의 전형적인 생각

1유형의 어린이

- 다른 사람의 비판을 받기 전에 스스로 비판한다.
- 완벽한 결과를 낼 수 없을 것 같으면 하던 일을 멈춘다.
- 부모님과 선생님의 기대에 부응하고자 노력한다.
- 책임감이 강해 부모의 역할을 떠맡기도 한다.
- 착한 아이는 화내지 말아야 한다는 생각에 부정적인 감정을 참는다.

1유형의 부모

• 자녀에게 책임감과 강한 도덕적 가치관을 심어 준다.

• 일관성 있고 공평하다.

• 엄격하게 훈육한다.

1유형의 직업

1유형은 유능하고 조직적이며, 주어진 일을 능숙하게 수행한다. 보다 분석적이고 정신력이 강한 1유형은 경영, 과학, 법과 관련된 분야에서, 보다 관계 중심적인 1유형은 의료 보건, 교육, 종교 분야에서 흔히 볼 수 있다. 1유형은 일을 처리하는 데 있어 전문적이면서도 정직하고 윤리적이기 때문에 자동차 정비공, 외과 의사, 치과 의사, 은행원, 증권 중개인과 같은 일을 잘 해낸다.

1유형의 여가 시간

1유형은 종종 지역 봉사활동 단체 **학부모 모임, 스카우트, 동네를 발전시키기 위한 모임 등**에서 활동한다. 많은 1유형들이 지침서를 암기하며 시간을 보낸다.

어떤 이들은 그린피스와 같은 환경보호 단체나 낙태 문제와 같은 인도주의적 명분이 있는 곳에서 활동한다. 또한 어떤 이들은 건강을 챙기기 위해 운동과 다이어트를 하며 그렇게 하지 않을 때 죄책감을 느낀다. 대부분의 1유형은 친구와 가족들을 돕느라 바쁘다. 그들은 대부분 모범생이다.

1유형의 인간관계

좋은 상태일 때 1유형은 충직하고 헌신적이며 양심적이고 사람들을 잘 도와준다. 또한 균형이 잘 잡혀 있으며 유머 감각이 뛰어나다.

힘든 상태일 때 1유형은 비판적이고 논쟁하려 들며, 단호하고 사사건건 트집을 잡는다. 또한 다른 사람들에게 높은 기준을 요구한다.

1유형에 대한 주변 사람들의 평가

"저희 직원은 일을 잘하며 끈기가 있습니다. 맡은 일을 끝내지 못하면 집으로 가져가서라도 일을 끝마치려 하거든요. 만약 그녀가 저희 회사를 떠난다면 그 자리를 메우기 위해 최소 두 사람은 고용해야 할 것입니다."

"제 친구는 직장 상사가 비윤리적인 일을 시킨다며 사표를 냈어요. 자신이 정해 놓은 원칙에 따라 살고, 어떠한 일이 있어도 양심을 파는 일은 하지 않거든요. 자기가 말하는 대로 살려고 노력하는 사람이죠."

"제 친구는 교사입니다. 모든 과제물을 꼼꼼하게 읽고 논평까지 써 주는데 여간 힘든 일이 아니지요. 게다가 재미있고 공정하면서도 학생들에게 용기를 북돋워 주기 때문에 인기가 많습니다."

"그는 언제든 내가 손 내밀기만 하면 도와줄 준비가 되어 있습니다. 그리고 그는 모든 상황이 정리될 때까지 제 곁에 머물러 줄 거예요."

1유형과 잘 지내는 법

- 그가 모든 일을 떠맡지 않도록 당신의 몫을 책임지고 수행하십시오.
- 성과를 인정해 주십시오.
- 자기 자신에게 매우 엄격한 그에게, 지금 모습 그대로도 괜찮다고 다독여 주십시오.
- 그의 조언이 당신에게 도움이 되었다고 말해 주십시오.
- 그와 같이 당신도 공정하고 사려 깊게 행동하십시오.
- 당신의 생각이 짧았다면 사과하십시오. 그가 당신을 용서하는 데 도움이 될 것입니다.
- 그가 초조해 할 때 우선 그의 걱정거리를 들어준 뒤에, 그가 기운을 내고 웃음을 되찾을 수 있도록 따뜻하게 격려해 주십시오.

1유형을 위한 실제적인 제안

자신을 돌보기

- 매일 일정한 시간을 내어 당신이 좋아하는 활동을 즐기십시오. 정원을 가꾸거나 영화를 볼 수도 있고, 운동이나 산책을 하거나 친구와 함께 시간을 보낼 수도 있습니다.
- 자신에게 정기적으로 특별한 선물을 주십시오. 꽃을 사거나 거품 목욕을 할 수도 있고, 운동 경기를 관람하거나 좋아하는 레스토랑에서 식사를 할 수도 있습니다.
- 유머는 삶에서 중요한 요소임을 기억하십시오. 농담을 기억해 두고 재미있는 만화도 모으고 예능 프로그램도 보십시오.
- 당신이 원하는 것이 무엇인지를 알아차리고, 원하는 것이 자주 바뀐다고 해도 일단 이것을 요구하는 법을 배우십시오.
- "~해야 한다" 대신 "~하고 싶다" 혹은 "~하고 싶지 않다"는 표현을 사용하십시오.
- 명상이나 요가와 같은 스트레스를 관리해 주는 프로그램에 참여하십시오.
- 한번쯤은 자신에게 방이 어질러져 있어도 괜찮다고 말해 주십시오.
- 무언가를 꼭 해야 한다는 생각이나 해야 할 일로부터 벗어날 수 있도록 휴가를 떠나십시오.

분노를 인식하고 다루기

- 상처받거나 방어적일 때, 상대에게 비아냥거리거나 냉소적인 반응을 보일 수 있다는 것을 알아차리십시오.
- 분노는 지극히 정상적이고 쓸모 있는 감정이라는 것을 받아들이십시오.
- 분노의 밑바닥에 슬픔이나 실망과 같은, 당신이 미처 깨닫지 못했던 감정이 있는 것은 아닌지 살펴보십시오.
- 분노를 표출한다고 해서 사랑받지 못하는 것은 아닙니다.
- 감정을 직접적으로 표현하는 것이 적절하지 않다고 생각한다면, 운동을 하거나 글을 쓰거나 또는 친구와 대화를 하십시오.

1유형은 속에서는
부글부글 끓어오르는데도
미소를 짓고 있을 때가 있다

• 자신과 다른 사람들에게 비현실적인 기대를 할수록, 더욱 좌절하고 분노하게 될 것
  입니다.

당신의 분노를 안전하게 배출할 수 있는 통로를 마련하십시오

일

• 당신의 직업이 당신에게
  잘 맞고 만족감을 주는
  지 평가해 보십시오.
• 당신의 몫 이상을 하지
  않도록 다른 사람들의 도움을 청하십시오.
  그들이 미덥지 못하다면 다른 1유형을 찾아보십시오.
• 완벽하게 하지 못했더라도 끝내고 다음 일로 넘어가거
  나 제시간에 퇴근하십시오.
• 과거의 잘못을 곱씹는 대신 가장 자랑할 만한 일을 기억하십시오.
• 당신이 한 일에 결함이 있다고 해서 당신을 무가치한 존재로 여기지는 마십시오.
• 완벽의 기준을 약간 낮추십시오.

관계

최악의 사람에게도 좋은 점이 있고 최고의 사람에게도 나쁜 점이 있다.
따라서 반드시 누가 누구를 변화시켜야 한다고 말하기는 어렵다.
-코네티컷 주 스프링데일의 한 표지판에서

- 당신과 다른 사람의 결점과 실수를 용서하십시오.
- 사람들이 당신과는 다른 방법으로 일을 처리하는 것을
  존중하십시오.
- 칭찬과 격려를 아끼지 마십시오.
- 누군가를 비판하거나 고쳐 주고 싶을 때는,
  침묵하거나 아니면 **아첨이 아닌** 긍정적인 이야기와 함께
  자신의 생각을 전하십시오.
- 당신의 말투가 거칠 수 있고 사람들을 화나게 하거나
  겁먹게 만들 수 있다는 것을 의식하십시오.
- 다른 사람을 변화시킬 수 있을 것이라는 환상을
  버리십시오.

부모에게

- 자녀의 자존감을 높여 주기 위해 그들 스스로 결정할 수 있도록 내버려 두십시오.
- 자녀로 하여금 어떤 행동 때문이 아닌 존재 자체로 사랑받고 있음을 느끼게 하십시오.

전체를 보고, 웬만한 것들은 넘어가라. 고치기 원한다면 약간만 바로잡아라.
- 교황 요한 23세

자녀에게 조언하는 가장 좋은 방법은,
아이가 원하는 것을 알아내어 그것을 하도록 조언하는 것이다.
- 해리 트루먼Harry Truman

1유형에게 힘든 일

- 30분 늦게 출근하기
- 생일 선물을 받고 감사 메시지를 이틀 안에 보내지 않기
- 휴가 때 머물 숙소를 예약하지 않기
- 옷을 무더기로 쌓아 놓거나 일주일 내내 설거지 안 하기
- 비판받을 때 웃어넘기기
- 식탁에 팔꿈치를 올리고 먹거나 옷소매로 입 닦기
- 손님이 오기 전에 집을 또다시 치우는 대신 여유 있게 목욕하기

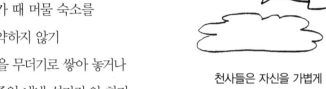

천사들은 자신을 가볍게 여기기 때문에 날 수 있다

1유형이 스스로에게 들려주어야 하는 말

- 쉬면서 즐겨도 괜찮아.
- 실수해도 괜찮아.
- 너무 진지해지지 않는 법을 배우는 중이야.
- 있는 그대로의 내 모습은 완벽해.
- 내가 원하고 필요로 하는 것들을 요구할 거야.

그대, 자신에게 강요하지 말라

우리는 다른 사람을 돕기 위해 이 땅에 살고 있다.
다른 사람들은 무슨 이유로 이곳에 있는지 모르겠다.

– 오든W. H. Auden

도와주는 사람

2유형은 사랑받고 가치 있는 존재로 여겨지기 원하며, 사람들에게 긍정적인 감정을 표현하려는 내면의 동기에 의해 행동한다. 전통적으로 사회는 남자보다는 여자가 2유형의 특성을 지니기를 요구한다.

좋은 상태일 때 2유형은	힘든 상태일 때 2유형은
다정하다	희생자처럼 행동한다
사람들을 잘 보살핀다	돌려 말한다
적응을 잘한다	사람들을 조종하려 든다
통찰력이 있다	소유욕이 강하다
너그럽다	신경질적이다
열정이 있다	지나치게 순응적이다
사람들의 감정을 민감하게 알아차린다	감정을 격하게 표현한다

유형 검사 문항

25세 전후의 자신의 모습(현재 25세 미만이라면 지금의 모습)을 설명하는 문항에 표시하시오.

- ☐ 1. 사람들이 나에게 조언을 구하러 오는 것을 편하게 생각했으면 좋겠다.
- ☐ 2. 나에게 인간관계는 그 어떤 것보다 중요하다.
- ☐ 3. 사람들이 내게 의지하는 것이 때로는 부담스럽다.
- ☐ 4. 누군가에게 필요한 것을 요구하는 것이 참 어렵다.
- ☐ 5. 친밀감을 구하는 것이 가끔 두려울 때도 있지만 친밀감을 매우 갈망한다.
- ☐ 6. 받는 것보다 주는 것이 더 편하다.
- ☐ 7. 비판에 매우 민감하다.
- ☐ 8. 관계를 맺는 데 방해가 되는 것들을 없애려고 노력한다.
- ☐ 9. 가능한 다른 사람의 기분을 헤아려 눈치 있게 행동하려고 한다.
- ☐ 10. 혼자 있을 때는 내가 무엇을 원하는지 알지만, 다른 사람들과 있을 때는 잘 모르겠다.
- ☐ 11. 사람들이 우리 집을 방문했을 때 환영받는다는 인상과 편안함을 느끼기 바란다.
- ☐ 12. 내가 누군가에게 의지한다는 인상을 주고 싶지 않다.
- ☐ 13. TV에서 폭력적인 장면을 보거나 고통당하는 사람들을 보면 힘들다.
- ☐ 14. 가끔 나는 깊은 외로움을 느낀다.
- ☐ 15. 내가 원하는 만큼 상대방과 친밀해지지 못하면, 슬프고 마음이 상하며 내가 중요하지 않은 존재가 된 것 같다.
- ☐ 16. 사람들을 돌보느라 아프거나 정서적으로 진이 빠질 때가 있다.
- ☐ 17. 종종 사람들의 개인적인 성향을 파악하고 그에 맞춰 행동한다.
- ☐ 18. 나는 사람들을 칭찬하는 것과 그들이 나에게 특별하다고 말하는 것을 좋아한다.
- ☐ 19. 중요한 사람, 혹은 힘 있는 사람과 함께 있는 것에 끌린다.
- ☐ 20. 사람들은 내가 지나치게 감정적이고 과장해서 표현하는 경향이 있다고 말한다.

2유형이라서 좋은 점

- 사람들과 쉽게 관계를 맺고 친구가 된다.
- 사람들의 필요를 알아 그들의 삶을 더 낫게 만든다.
- 관대하고 다른 사람들을 잘 보살피며 마음이 따뜻하다.
- 다른 사람의 감정을 민감하게 알아차린다.
- 열정적이고 재미있는 것을 좋아하며 유머 감각이 있다.

2유형이라서 힘든 점

- '아니요'라고 말하는 것이 힘들다.
- 자존감이 낮다.
- 다른 사람을 위해 힘에 부치게 일하다가 지쳐버린다.
- 이기적이 될까 두려워서, 정작 자신이 하고 싶은 일은 못한다.
- 생각만큼 사랑하는 마음이 생기지 않는 자신을 자책한다.
- 상대방에게 관심을 기울이는 만큼 관심 받지 못할 때 속상하다.
- 다른 사람을 지나치게 배려하고 눈치를 보느라 진짜 자신의 감정은 억압한다.

2유형의 전형적인 생각

2유형의 어린이

- 남이 나를 못마땅하게 여기거나 비판하는 것에 민감하다.
- 부모님을 잘 돕고 이해해서 부모님을 기쁘게 하려고 노력한다.
- 겉으로 보기엔 말을 잘 듣는 아이다.
- 친구들에게 인기가 많거나, 인기 있는 사람이 되려고 노력한다.
- 수줍어하거나 조숙한 행동을 하며, 관심을 받고자 극적인 행동을 하기도 한다.
- 외향적인 2유형은 우스꽝스럽게 행동하고, 내향적인 2유형은 조용하며 수줍어한다.

2유형의 부모

• 자녀들의 말을 잘 들어주며 조건 없이 그들을 사랑한다. 마음이 따뜻하고 격려를 잘 하며, 그렇게 하지 못할 때 죄책감에 시달린다.
• 지금 제대로 하고 있는지, 충분히 베풀고 있는지, 회복할 수 없는 상처를 준 건 아닌지 생각한다.
• 자녀들과 자주 놀아 준다.
• 자녀를 과잉보호할 수 있다.

2유형의 직업

2유형은 보통 사람들과 함께 하는 일을 선호한다. 상담가, 교사, 의료계 종사자와 같은 남을 도와주는 직업에 종사하는 편이다. 때로 외향적인 2유형은 배우나 연설가와 같은 사람들의 주목을 받는 일을 하기도 한다. 또한 그들은 영업 분야나 인적 자원 관리, 비서나 인테리어 디자이너, 의상 컨설턴트와 같은 직업에 종사한다.

2유형의 여가 시간

2유형은 가족이나 친구들과 어울리고, 아이들을 돌본다. 누구나 찾아오고 싶은 따뜻한 분위기의 가정을 만들고 집을 꾸민다. 또한 그들은 독서를 하고 자선 단체에서 일하며 새로운 경험을 하고 자신의 내면세계를 탐색한다. 외모를 가꾸는 데 특별히 신경을 쓴다.

2유형의 인간관계

좋은 상태일 때 2유형은 너그럽고 따뜻하며, 다른 사람을 배려하고 그들의 진가를 알아본다. 또한 쾌활하며 다른 사람을 잘 보살피고, 상대방이 특별하고 사랑 받는 존재라고 느끼도록 해 준다.

힘든 상태일 때 2유형은 상대방을 통제하고 소유하려 들며 요구가 많고, 불편한 마음과는 다르게 말이나 행동을 하기도 한다. 또한 직접적으로 요구하는 것을 어려워하기 때문에 원하는 것을 얻기 위해 다른 사람을 조종하려는 경향이 있다.

2유형에 대한 주변 사람들의 평가

"그녀는 아낌없이 베풀기 때문에 많은 사람들에게 사랑을 받아요. 그녀는 친구가 암에 걸렸을 때, 자신의 일도 소홀하게 하지 않으려 애쓰면서 그 친구의 가족들에게 가장 든든한 버팀목이 되어 주었어요."

"2유형인 친구와 함께 있으면 편안해요. 그는 밝고 쾌활하며 깊이 공감해 주고 지혜로워요. 저도 그와 같이 풍부한 감정을 표현할 수 있으면 좋겠어요."

"그는 훌륭한 아빠예요. 자녀들에 대한 관심이 많고 너그럽고 사랑이 넘치거든요."

"문제가 생기면 저는 2유형의 친구한테 전화해요. 그녀는 통찰력 있게 문제를 바라보며, 저를 판단하려 들지 않고 공감해 주거든요."

2유형과 잘 지내는 법

• 구체적으로 고마움을 표현하십시오.
• 함께 즐거운 시간을 보내십시오.
• 그는 아마 당신의 문제에 초점을 맞추려 할 것이지만, 당신은 그가 겪고 있는 어려움에 관심을 가지십시오.
• 그가 당신에게 중요하고 특별한 존재라는 사실을 알게 하십시오.
• 비판하려면 부드럽게 하십시오.

2유형과 친밀한 관계에 있을 때에도

• 당신이 그에게 여전히 관심이 있다는 사실을 알려 주십시오.
• 당신이 그를 사랑하고 있다고 자주 말해주십시오.
• 그가 얼마나 매력적인지, 당신이 그와 함께 있어서 얼마나 기쁜지 말해 주십시오.

2유형을 위한 실제적인 제안

자존감

- 당신에게 즐거움과 만족을 주는 활동을 혼자서 참여해 보십시오.
- 운동하고 혼자 산책하고 사색하며 당신 자신에게 집중하십시오.
- 어린 아이들을 보살피고 사랑하는 방식으로 당신 내면의 아이와 대화하십시오. 이때 당신은 부모의 입장에서 내면 아이를 안아 주십시오.
- 다른 사람에게 하듯 자신을 소중히 여기고 자신에게 관심을 기울이십시오.
- 자신의 어려움을 이야기하는 법을 배우기 위해 정기적으로 코칭을 받으십시오.
- 가지지 못한 사랑에 집중하기보다는 당신에게 있는 사랑을 소중히 여기십시오.

자기주장

- 자신의 한계를 정하십시오. 사람들의 요구로 인해 지나치게 스트레스를 받을 때는 "아니요. 지금은 그 이야기를 하고 싶지 않습니다" 혹은 "아니요. 저는 도와드릴 수 없을 것 같습니다"라고 말하십시오.

- 분노의 감정을 직면하십시오. 때로 2유형은 자신을 화나게 하는 문제를 직접적으로 다루지 않고 그저 분노의 감정에 휩싸이거나 울어버리곤 합니다.
- 분노의 감정을 더 잘 알아차릴 수 있도록 자신의 감정을 매일 기록하십시오.
- 부당한 대접을 받거나 이용당하고 있다는 느낌이 들면 즉시 단호하게, 가능한 이성적으로 이야기하십시오.

관계

• 다른 사람이 당신에게 원하는 모습에 연연해하지 마십시오.

• 즉각적으로 도움이나 조언을 주려 하지 말고 상대방이 요구할 때까지 기다리십시오.

• 지나치게 퍼 주려 하지 말고 소소하게 베푸는 것을 즐거워하십시오. 또한 사람들이 당신에게 무언가를 주려할 때 이를 감사한 마음으로 받으십시오.

당신이 원하는 바를 솔직히 이야기하십시오

부모에게

• 자녀가 부모로부터 독립할 수 있도록 두십시오.

• 장성한 자녀들에 대해 지나치게 걱정하지 않는 법을 배우십시오. 자신의 관심사를 찾아 계발함으로써 자녀들로부터 벗어나십시오.

• 자녀들에게 죄책감을 심어주는 경향이 있음을 깨닫고 이를 경계하십시오.

일

• 자신의 몫 이상의 일을 하지 않도록 한계를 정하십시오.

• 단호하게 자기주장을 하고 객관적인 시각을 가지십시오.

• 당신의 성격이나 관심사에 적합하고 당신이 잘할 수 있는 일을 찾으십시오.

상호 의존성

- 새로운 사람과 관계를 맺을 때는 객관적인 입장에서 바라보면서 천천히 진행하십시오.
- 다른 사람을 섣불리 구해주려고 하지 마십시오. 그들이 자신의 행동에 대해 책임을 지게끔 하십시오.
- 당신에게서 무언가를 얻어 내려고 하는 사람들이나 여건이 맞지 않는 사람들과는 무리해서 관계를 맺지 마십시오. 당신과 동등한 입장에서 관계를 맺을 수 있는 사람만 친구나 파트너로 받아들이십시오.
- 성sex에 대한 당신의 갈망은 관심과 인정에 대한 위장된 욕구일 수 있음을 인지하십시오.
- 하나의 관계가 끝난 후 곧바로 다른 관계에 뛰어들고자 하는 욕구를 자제하십시오. 이전의 관계가 왜 실패했는지를 돌아보고 자신을 알아가며 다른 관심사를 계발할 수 있는 시간을 가지십시오.

104

2유형에게 힘든 일

- 한 달 동안 아무에게도 미소 짓지 않기
- 누군가가 칭찬하면 "고맙습니다"라고 말하며 받아들이기. 상대방이 하는 칭찬을 가감하지 않고, 자신이 그런 칭찬을 받을 만한 자격이 없다고 이야기하지 않기
- 길에서 발견한 사랑스러운 새끼 고양이를 집에 데려가지 않기
- 친구가 호의를 베풀면 열 배로 갚으려 하지 않기

2유형에게 가장 힘든 직장

- 동료에게 무시당한 것을 곱씹어 생각하지 않기
- 친구에게 아무런 이유를 대지 않고 공항까지 데려다 주지 못하겠다고 말하기
- "행운을 빌어" "잘 지내" "좋은 하루 보내" 같은 말을 덧붙이지 않고 그저 "안녕"이라고만 말하기

모든 사람의 문제를 다 해결해주려고 하지는 마십시오

2유형이 스스로에게 들려주어야 하는 말

• 나도 다른 사람들만큼이나 중요한 존재야.

• 나도 남들처럼 사랑과 도움을 필요로 하는 사람이야.

• 내가 무엇을 원하는지 분명히 말할 수 있어.

• 무언가를 주어야만 사랑받을 수 있는 건 아니야.

• 나를 돌아볼 수 있는 혼자만의 시간을 제대로 갖는 것이 중요해.

만찬에서 돌아와서

오늘밤 논쟁에서 내가 그 사람들의 코를 납작하게 만들어 버렸지!

8

사람들이 내 이야기를 좋아해 줘서 기분 좋았어.

9

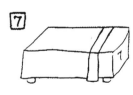

내가 그런 말 했다고 기분이 상하지 않았으면 좋겠는데.

1

정말 피곤하지만 사람들이 즐거운 시간을 보낸 것 같아 다행이야.

2

만찬에서는 만나지 못했지만, 이후의 기부행사에서 만날 수 있도록 약속을 잡았지

3

너무 일상적인 대화였어!

4

일찍 나와서 책을 볼 수 있으니 다행이다.

5

집에 무사히 돌아오니 기분이 좋네!

6

그는 아직도 밖에서 재미있게 놀고 있다.

7

일은 그 무엇보다 재미있다.
— 노엘 코워드Noel Coward

성취하는 사람

3유형은 생산적이고 무엇인가를 성취하고자 하며, 실패를 피하려는 내면의 동기에 의해 행동한다.

좋은 상태일 때 3유형은	힘든 상태일 때 3유형은
낙관적이다	기만적이다
자신감이 있다	자아도취적이다
열심이다	가식적이다
효율적이다	허영심이 있다
자주적이다	피상적이다
활동적이다	앙심을 품는다
실용적이다	지나치게 경쟁적이다

유형 검사 문항

25세 전후의 자신의 모습(현재 25세 미만이라면 지금의 모습)을 설명하는 문항에 표시하시오.

☐ 1. 거의 항상 바쁘다.

☐ 2. 할 일의 목록, 일정표를 만들고 진행 사항을 확인하는 것을 좋아한다.

☐ 3. 초과 근무를 하게 되어도 개의치 않는다.

☐ 4. 낙관적인 태도를 가지고 있다.

☐ 5. 일이 마무리될 때까지 온 힘을 다해 노력한다.

☐ 6. 가능한 편리한 방법으로 일을 해야 한다고 믿는다.

☐ 7. 사람들로 하여금 자신을 더욱 계발하여 잠재력을 충분히 발휘할 수 있도록 하는 것은 중요하다.

☐ 8. 나의 사생활에 대해 이야기 하는 것을 그다지 좋아하지 않는다.

☐ 9. 아파서 일을 못하는 상황이 없도록 컨디션을 조절한다.

☐ 10. 일이 제대로 마무리 되어 있지 않을 때 질색한다.

☐ 11. 다른 어떤 것보다 일을 우선시한다.

☐ 12. 할 일이 넘쳐나기에, 할 일이 없다는 사람을 보면 이해가 안 된다.

☐ 13. 나 자신의 감정을 알아차리는 것이 어렵다.

☐ 14. 가족을 돌보고 부양하기 위해서 열심히 일한다.

☐ 15. 유능한 집단이나 중요한 사람들과 나 자신을 동일시하는 것을 좋아한다.

☐ 16. 좋은 첫인상을 주기 위해 내 모습을 잘 꾸민다.

☐ 17. 경제적인 안정은 내게 매우 중요하다.

☐ 18. 나는 대체로 꽤 괜찮은 사람이라고 생각한다.

☐ 19. 사람들은 종종 내가 앞장서서 일을 꾸려 나가기를 기대한다.

☐ 20. 어떻게든 돋보이고 싶어 한다.

3유형이라서 좋은 점

- 낙천적이고 친근하며 명랑하다.
- 가족을 잘 부양한다.
- 좌절을 빨리 회복하고 다음 도전을 향해 나아간다.
- 정보에 밝으며 상황이 어떻게 돌아가는지 잘 파악한다.
- 효율적이고 능숙하게 일을 처리한다.
- 사람들에게 동기부여를 잘한다.

3유형이라서 힘든 점

- 비효율적이거나 무능한 것을 참기 힘들다.
- 성공하지 못하거나 성공하지 못한 것처럼 보이는 것이 두렵다.
- 무엇이든 자신보다 더 잘하는 사람들과 비교한다.
- 성공에 집착하며 성공하기 위해 분투한다.
- 사람들에게 좋은 인상을 주기 위해 표면적으로 행동한다.
- 항상 무언가를 하고 있기 때문에 쉽게 지친다.

사람들은 이런 나를 이해하지 못한다

3유형의 전형적인 생각

3유형의 어린이

- 자신이 한 일에 대해 칭찬을 받기 위해
  열심히 노력한다.
- 친구들과 어른들에게 많은 사랑을 받는다.
- 학급이나 학교에서 능력 있고 책임감 있는
  학생으로 인정받는다.
- 학생회나 동아리 활동에 적극적이며, 자신
  만의 프로젝트를 알아서 수행한다.

3유형의 부모

- 더 많은 일을 해내기를 원하는 마음과 아이들과 함께
  시간을 보내기 원하는 마음 사이에서 갈등한다.

- 충직하고 부모의 역할을 잘하며 의지할 만하다.
- 자녀가 계획적이고 책임감 있게 행동하기를 기대한다.

3유형의 직업

3유형은 목표 지향적이고 열심히 일하며, 조직적이고 단호하다. 그들은 사업계, 법조계, 금융계, 정치계 그리고 컴퓨터 관련 분야에서

경영진이나 대표를 맡고 있다. 방송인이나 연기자처럼 사람들의 주목을 받는 직업을 가진 사람들도 많다. 남을 돕는 데 관심이 있는 3유형은 교직, 사회 복지, 의료 분야로 진출하는 경향이 있다. 또한 그들은 전업주부로서 맡은 바 책임을 다 하기 위해 엄청난 에너지를 쏟아 붓는다.

3유형의 여가 시간 만약 있다면

3유형은 사람들과 만나 교제를 하거나, 자선단체의 봉사활동을 하기도 한다. 어떤 이들은 취미 생활을 하거나 프로젝트를 수행하기도 한다. 대부분의 3유형은 운동을 즐기며 건강한 몸매를 가꾸는 것에 관심이 있다.

3유형의 인간관계

좋은 상태일 때 3유형은 상대방을 가치 있게 여기고 수용적으로 대한다. 또한 쾌활하고 베풀기를 잘하며, 책임감이 있고 공동체 안에서 호평을 받는다.

힘든 상태일 때 3유형은 일과 프로젝트에 얽매여 있으며 자기 일에만 몰두해 있다. 또한 방어적이며 참을성이 없고 정직하지 않으며 사람이나 상황을 통제하려 한다.

3유형에 대한 주변 사람들의 평가

"그녀는 우리 회사에서 보고서를 가장 명확하고 간결하게 써 내는 사람입니다. 그녀가 일하는 방식과 열정, 그리고 밝은 성격은 우리들의 마음을 움직입니다."

"그는 매력적이며, 모두를 특별하고 의미 있는 존재로 만드는 재주가 있습니다."

"내 친구는 확신에 차 있고 자신감이 있으며 추진력이 뛰어납니다. 그는 웬만한 사람들이 일주일 동안 해야 할 일을 하루에 해치웁니다."

"그녀는 내가 아는 사람 중에서 가장 집중력이 뛰어나고 결단력이 있는 사람이에요. 그녀 덕분에 우리 지역사회가 크게 발전했지요. 저는 그녀가 우리 지역의 국회의원이 되면 좋겠어요."

3유형과 잘 지내는 방법

- 일하고 있을 때는 방해하
  지 마십시오.
- 솔직하게 대하되 과도한
  피드백이나 지나친 비판
  은 금물입니다.

- 그의 주변이 평화롭고 조화롭게 유지될 수 있도록 신경 쓰십시오.
- 부정적인 감정으로 그에게 부담을 주지 마십시오.
- 그의 곁에 있는 것이 좋다고 말해 주십시오.
- 그의 존재나 업적이 자랑스럽다고 느낄 때 말해 주십시오.

3유형을 위한 실제적인 제안

세상에서 가장 어려운 일은 게을러지는 것이다.
– 유대 속담

긴장 이완과 자기 돌봄
- 과로로 인한 스트레스는 신체적·정서적 문제를 유발할 수 있습니다.
  따라서 매일 어느 정도의 휴식 시간을 갖고, 명상이나 마사지,
  사우나 등으로 스트레스를 조절하십시오.
- 일 외에 당신이 가치 있다고 여기는 활동을 할 수 있는 시간을
  만들어 보십시오.
- 현재의 성공 수준을 받아들이고 인정함으로써 스트레스를 줄이십시오.
- 모든 일을 내려놓고 휴가를 떠나십시오.
- 자신이 진정으로 바라는 것과 좋아하는 것을
  알아차리도록 노력하십시오.

꽃향기를 음미할 시간을 가지십시오

일

- 다른 사람들은 당신만큼 능숙하게 일을 처리하지 못할 수도 있다는 것을 기억하십시오. 대다수의 사람들은 당신만큼 에너지와 집중력을 갖고 있지 않습니다.

- 밀어붙이는 것만이 능사는 아닙니다. 당신의 이런 성향이 때로는 사람들에게 부정적인 영향을 끼칠 수 있다는 것을 주의하고, 다른 사람들이 일을 해낼 때까지 기다려 주십시오.

- 다른 사람이 기여한 바를 인지하고 이에 대한 고마움을 표현하도록 특별히 노력하십시오.

- 결정을 내릴 때 지나치게 서두르지 마십시오. 사람들을 비롯해 관련된 모든 요소를 충분히 고려하십시오.

- 당신의 내적 자아를 만족시키는 일이 무엇인지 찾아보십시오. 3유형은 때로 깊은 내적 욕구를 충족시키지 못하는 직업을 선택하곤 합니다.

관계

- 한 주의 계획을 짤 때 가족이나 친구들과 함께 한가롭게 보내는 시간을 포함시키십시오.
- 사랑하는 사람이 고민을 털어놓을 때, 상대가 요구하기 전까지는 충고하지 말고 들어주기만 하십시오. 그 사람은 단

지 공감하며 들어주기만을 원할 지도 모릅니다.

- 배우자에게 감사의 마음을 표현하십시오. 어떤 3유형은 자신이 더 많은 것을 성취한다는 이유로 배우자보다 자신을 더 중요한 사람으로 여기는 경향이 있습니다.
- 순수하게 베푸는 것에 목적을 둔 봉사활동을 해 보십시오.
- 진정한 당신의 모습이 무엇인지 끈질기게 찾아보십시오. 3유형은 때로 카멜레온처럼 색을 바꿔 가며 사람들을 자기편으로 만들곤 하는데, 관계가 깊어지면 이러한 방식은 오히려 역효과를 불러일으킬 수 있습니다.

- 당신의 바람직하지 않은 면을 알아차리십시오. 예를 들어 이런 것입니다. "저는 아내가 말할 때 들으려 하지 않습니다. 그러나 제가 말할 때는 그녀가 귀를 기울여 주기를 바랍니다."
- 사람들이 당신을 비판할 때 그 안에서 진실을 찾아보십시오.

부모에게

- 당신은 자녀에 대한 기대 수준이 높습니다. 자녀를 지나치게 압박하면 자녀에게 정서적인 문제가 생길 수 있음을 명심하십시오.

감정

- 당신이 실제로 느끼는 감정과, 상황에 맞게 꾸며내는 감정에는 차이가 있음을 인지하십시오.
- 불안한 마음이 생기면 행동으로 뛰어드는 습관이 있음을 깨달으십시오.
- 당신의 연약한 부분을 인정하고, 상처와 좌절을 기꺼이 표현하십시오.

3유형에게 힘든 일

- 일주일 동안 할 일에 대한 목록을 작성하지 않기
- 고등학교 동창회에서 자신의 업적에 대해 입도 뻥긋하지 않기
- 흥미 있는 사람에게 '관심의 눈길' 보내지 않기

나에게 이곳은 '지옥'이야!

- 회의가 비효율적이고 비효과적으로 진행될 때 진행을 가로채지 않기
- 해야 할 일을 보고만 있거나 그와 관련된 내용을 기록하지 않기
- 명상을 위한 모임에 참가하여 조용히 앉아 명상하며 일주일을 보내기

3유형이 스스로에게 들려주어야 하는 말

- 내 감정은 내가 이룬 일 만큼이나 가치 있는 거야.
- 내게 가장 유익한 일은 쉼과 성장을 위한 시간을 갖는 거야.
- 나의 가치는 다른 누군가가 아닌 내가 정하는 거야.

내가 하는 일 때문이 아니라
있는 그대로의 내 모습으로 인해 사랑을 받을 수 있다

다른 것은 다 견딜 수 있다.
그러나 평범한 일상이 반복되는 것은 견딜 수가 없다.
— 괴테|Goethe

낭만적인 사람

4유형은 자신의 감정을 충분히 느끼기 원하며, 사람들에게 이해받고 싶어 한다. 인생의 의미를 찾고자 하며, 일상적인 것에서 벗어나려는 내면의 동기에 의해 행동한다.

좋은 상태일 때 4유형은	힘든 상태일 때 4유형은
따뜻하다	우울하다
연민이 많다	자의식이 강하다
자신에 대해 성찰한다	죄책감에 시달린다
표현력이 있다	도덕주의자처럼 판단한다
창의적이다	위축된다
직관적이다	고집스럽다
사람들을 지지해 준다	감정 기복이 심하다
품위가 있다	자신에게만 몰두한다

유형 검사 문항

25세 전후의 자신의 모습현재 25세 미만이라면 지금의 모습을 설명하는 문항에 표시하시오.

☐ 1. 누군가에게 이해받는 것은 내게 매우 중요하다.

☐ 2. 친구들은 나의 따뜻한 마음씨와 삶을 바라보는 남다른 관점이 좋다고 말한다.

☐ 3. 우울해지면 몇 시간, 며칠 혹은 몇 주 동안 아무 일도 할 수 없는 상태가 된다.

☐ 4. 비판적인 발언에 매우 민감하며 아주 사소한 것에도 상처받는다.

☐ 5. 신문에서 마음이 쓰이는 기사를 읽게 되면 감정적으로 매우 동요된다.

☐ 6. 나의 이상은 내게 매우 중요하다.

☐ 7. 아름다움, 사랑, 슬픔, 고통과 같은 감정을 마음 깊이 느끼며, 그러한 감정들을 느낄 때 쉽게 눈물을 흘린다.

☐ 8. 내가 느끼는 우울한 감정은 진실되고 중요한 것이어서 꼭 그 감정에서 벗어나야 한다고 생각하지 않는다.

☐ 9. 다른 사람들이 가진 것을 간절히 갖고 싶어 한다.

☐ 10. 내 친구들을 지지해 주려고 애쓰며, 특히 그들이 위기에 처해 있을 때 그렇다.

☐ 11. 현실 세계보다는 과거나 미래의 세계에서 살고 있다.

☐ 12. 나의 직관을 매우 중요하게 여긴다.

☐ 13. 때로 사람들을 통제하려고 한다.

☐ 14. 진실하지 않거나 정직하지 않은 사람들을 싫어한다.

☐ 15. 내 인생에 숭고한 사랑이 찾아올 것이라는 기대를 가지고 수년을 보내 왔다.

☐ 16. 나의 장점보다는 단점에 집중하는 경향이 있다.

☐ 17. 사람들에게 특별한 사람으로 보이기를 원한다.

☐ 18. 내 자신이 진정 누구인지 늘 탐구한다.

☐ 19. 친구들과 함께 있을 때조차도 때론 고립된 것처럼 불편함과 이질감을 느낀다.

☐ 20. 내게 어떤 일을 시킬 때, 그것과 반대로 하고 싶거나 반항할 때가 있다.

4유형이라서 좋은 점

- 삶에서 의미를 발견하고 깊은 수준의 감정을 느낄 수 있다.
- 사람들과 따뜻한 관계를 맺는 능력이 있다.
- 삶에서 고결하고 진실하며 아름다운 것을 찬미한다.
- 창의성과 직관력이 있다.
- 독특하며, 다른 사람들의 눈에도 남달라 보인다.
- 심미적인 감각을 가지고 있다.
- 주변 사람들의 감정을 쉽게 알아차린다.

친구를 지지해 주는 것은
4유형의 장점이다

4유형이라서 힘든 점

- 공허함이나 절망 같은 우울한 기분을 경험한다.
- 자신을 사랑받을 만한 자격이 없는 존재로 여기고 미워하며 부끄러워한다.
- 사람들을 실망시켰을 때 죄책감을 느낀다.
- 누군가 나를 오해하면 상처받거나 공격받았다고 느낀다.
- 자신과 인생에 대한 기대치가 매우 높다.
- 버림받을까봐 두려워한다.
- 분한 마음에 사로잡혀 있다.
- 갖고 있지 않은 것을 갈망한다.

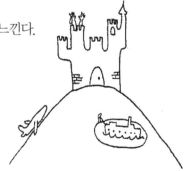

(오스카상 세 개, 풀리처상, 매력적인 남편과
멋진 아이들, 금궤 열 짝……)
그래도 여전히 뭔가 부족해!

4유형의 전형적인 생각

4유형의 어린이

- 상상력이 풍부해서 창의적인 방식으로 혼자 놀기도 하고, 독창적인 놀이를 만들어서 친구들을 참여시키기도 한다.
- 감수성이 매우 풍부하다.
- 자신이 속한 곳에 잘 어울리지 않는다고 느낀다.
- 다른 사람들이 가지고 있는 무언가가 자신에게는 없다고 생각한다.

- 동경하는 교사, 영웅, 예술가 등에게 애착을 느낀다.
- 비난받거나 이해받지 못할 때 권위에 반발하거나 반항적이 된다.
- 만약 부모가 이혼하거나 주위 사람이 죽으면 외로움을 느끼거나 자신이 버림받았다고 느낀다.

4유형의 부모

- 자녀가 진정한 자신의 모습을 찾을 수 있도록 도와준다.
- 자녀의 창의성과 독창성을 지지해 준다.
- 자녀가 자신의 감정을 진정으로 느낄 수 있도록 도와준다.
- 때때로 자녀에게 지나치게 비판적이거나 자녀를 과잉보호하는 경향이 있다.
- 지나치게 자신에게만 몰두하지 않는다면 평상시에는 자녀와 잘 지낸다.

4유형의 직업

4유형은 예술음악, 미술, 춤 등이나, 글이나 말과 관련된 일소설, 언론, 가르치는 일 등을 통해 사람들에게 영감을 주고 영향을 끼치며 사람들을 설득한다. 많은 4유형이 심리학자나 상담가로서 활동하며, 사람들이 자신 안의 최고의 모습을 이끌어 낼 수 있도록 돕는다. 어떤 4유형은 자신들이 운영하는 작지만 의미 있는 사업에 긍지를 느끼기도 한다. 종종 4유형은 자신의 창의력을 발휘할 수 있는 활동을 하기 위해 일상적인 직업을 선택하기도 한다.

4유형의 여가 시간

4유형은 가족과 함께 보내거나, 가깝게 지내는 지인들과 친밀한 관계를 유지하는 데 시간을 할애한다. 그들은 자연을 감상하고 영적인 관심사를 추구하며 공연, 전시회, 문학 행사 등에 참여한다. 많은 4유형들이 서점에서 책을 구경하고 의류점에서 쇼핑을 하거나, 특이한 옷이나 독특한 장신구를 찾아다니는 것을 즐긴다. 또한 창의적으로 자신을 표현하며, 어떤 이들은 정치나 비폭력적인 활동에 참여하기도 한다.

4유형의 인간관계

좋은 상태일 때 4유형은 온화하며 공감을 잘하고 사람들을 지지해 준다. 또한 쾌활하고 열정적이며 재치가 있고, 자신의 감정을 잘 표현하며 다른 사람과 쉽게 관계를 맺는다.

힘든 상태일 때 4유형은 지나치게 자기 안에 매몰되는 경향이 있고 질투를 하며 정서적으로 메말랐다고 느낀다. 그들은 감정기복이 심하고 독선적이며 지나치게 비판적이기도 하다. 또한 쉽게 상처받으며 다른 사람들에게 거절당했다고 느낀다.

4유형에 대한 주변 사람들의 평가

"그의 영혼은 깊이가 있어요. 제 친구 중 가장 위트 있고 통찰력이 뛰어나지요. 그로 인해 저는 늘 창의적인 것에 대한 자극을 받습니다."

"제가 아는 4유형은 다양한 성격을 가지고 있는 흥미로운 존재입니다. 그는 강렬하면서도 깊이가 있고, 영감이 있으면서도 반항적입니다."

"그의 사업이 날로 번창하고 있는 것은 그의 끈기와 투지, 그리고 독창성 때문이지요."

"그녀는 혁신적인 유치원을 운영하고 있습니다. 그녀는 아이들을 위한 건강하고 창의적인 공간을 만드는 데 헌신하고 있지요."

"그녀는 독특한 개성을 지니고 있어요. 새로운 조리법을 만들어내거나 욕조에 치자나무 꽃잎을 띄우기도 하고, 열정적인 파티를 열기도 하지요."

사람은 예술 작품이 되거나 예술 작품을 입어야 한다.
– 오스카 와일드Oscar Wilde

4유형과 잘 지내는 법

• 칭찬을 많이 해 주십시오. 그는 그러한 칭찬을 매우 의미 있게 받아들입니다.

• 그를 지지해 주는 친구나 파트너가 되어 주십시오. 그리고 그가 자신을 사랑하고 가치 있게 여길 수 있도록 도와 주십시오.

• 그의 특별한 재능인 직관력과 통찰력을 존중해 주십시오.

• 그는 우울한 기분이 들 때 그 기분을 늘 떨쳐내고 싶어 하는 것은 아닙니다. 그러나 때로 조금이나마 자신을 기분 좋게 해주는 누군가가 있길 바란다는 것을 기억하십시오.

• 그에게 너무 예민하다거나 과민 반응을 보이고 있다고 이야기하지 마십시오.

4유형을 위한 실제적인 제안

자존감

- 당신의 특별한 기량과 재능에 자부심을 가지십시오.
- 어린 시절에 충족되지 않은 욕구를 채우기 위해 노력하십시오. 그리고 자기 자신을 사랑과 연민의 마음으로 대하십시오.
- 건강하게 자기관리 하는 방법을 훈련하십시오.
- 현재의 삶을 가치 있게 여기십시오.
- 매일의 의무와 책임을 창의적이고 즐겁게 수행할 수 있는 방법을 찾아보십시오.
- 당신의 잠재력을 이끌어낼 수 있는 창의적인 일에 전념하십시오. 그리고 그 일을 통해 경제적인 수입도 얻도록 해보십시오.
- 창의적인 직업을 가지기 어렵다면, 근무시간 외에 창의성을 발휘할 시간을 따로 마련하십시오.
- 다른 사람들의 어떤 점을 존경하고 부러워하는지 파악하고 이를 계발하도록 하십시오.

당신과 소통할 수 있는 사람들과 관계를 맺으십시오

관계

- 원하는 것과 원치 않는 것을 구체적으로 솔직하게 말하십시오.
- 다른 사람들의 말을 부풀려서 듣지 마십시오. 만약 기분이 상했다면 그 말이 진짜 무슨 뜻이었는지 확인해 보십시오.
- 정서적 욕구를 한 사람에게만 의지하여 충족하려고 하지 말고, 여러 명의 친구들로부터 정서적 지원을 받을 수 있도록 하십시오.
- 인간관계에 문제가 생겼을 때는 뒤로 물러나지 말고 즉시 해결하십시오. 객관적으로 문제를 바라보려고 노력하고 당신의 감정으로 사람들을 압도하지 마십시오.

친구들의 좋은 일에 함께 기뻐하십시오

남의 떡이 더 커 보이는 마음에 주의하십시오

129

느낌과 감정

• 보내지 않을 편지에 자신의 감정을 할 수 있는 한 강렬한 언어로 적어보십시오.

• 감정 조절이 잘 되지 않을 때는

　– 한 발자국 물러서서 상황을 바라보십시오.

　– 마음을 가라앉히고 현재 자신의 모습이 어떠한지 천천히 마음속에 떠올려 보십시오.

　– 그 과정을 견디면서 상처를 느끼십시오. 그리고 이 또한 지나간다는 것을 기억하십시오.

　이러한 과정은 당신이 감정에 전적으로 사로잡히지 않도록 도와줄 것입니다.

• 감정을 과장해서 표현하는 경우가 많은데, 이때 감정 그 자체보다 감정의 격렬함에 사로잡혀 있다는 것을 알아차리십시오.

당신의 감정들을 창의적인 활동으로 발산하십시오

우울함 피하기

- 당신을 화나게 하는 사람들에게 가능한 이성적으로 대하십시오.
- 먹고 자고 운동하고 일하는 데 좋은 습관을 기르십시오.
- 소중한 것을 잃었을 때 마음껏 슬퍼하고 필요하다면 전문가의 도움을 받으십시오.
- 집 밖으로 나가서 계속 움직이십시오.
- 우울함을 시, 음악, 춤, 미술과 같은 예술로 승화시키십시오.
- 어딘가에 소속되거나, 친척들이나 친구 등 마음을 터놓을 수 있는 관계를 유지하십시오.
- 인생의 긍정적인 측면에 집중하십시오.
- 감사 목록을 만들고 이를 크게 써서 벽에 붙여 놓으십시오.

카페라떼, 야생화,
별새, 강아지,
실크의 느낌,
훈제 연어,
오리털 이불,
솜털이 보송한 실내화,
공작들, 작은 별장, 나비

4유형에게 힘든 일

- 색깔이 정해진 그림 교본으로 완성한 풍경화를 거실에 걸어두기
- 무릎 나온 운동복을 입고 식당에 가서 값싼 음식을 주문하기
- 살면서 경험한 긍정적인 일만 한 달 내내 생각하기
- 영혼을 탐색하는 일이 너무 진부해서 그만하기로 결정하기
- 옛 이성 친구와 찍은 사진을 냉정하게 버리기

나는 사람들한테 상처를 받아도 늘 금방 잊어버리지
가인이가 2011년 9월 5일 월요일 저녁 8시 7분에
나한테 준 상처도 다 잊어버렸어!

4유형이 스스로에게 들려주어야 하는 말

• 매일의 삶은 불완전할지라도 가치 있는 거야.

• 여유를 가지고 현재를 누리자.

• 나의 몸과 세상, 그리고 우주는 편안해. 내 인생은 그 자체로 좋아.

• 있는 그대로의 나는 더할 나위 없이 아름답고 유능하며 사랑스러워.

• 친한 친구에게 하듯 나도 나에게 상냥하게 대할 수 있어.

나의 이상을 행동으로 옮겨 좀 더 나은 세상을 만들 거야

휴식 시간

부록1

날개와 화살

5유형

날개

4유형 날개가 발달된 5유형은 보다 창의적이고 인간적이며 감수성이 예민하고, 감정이입을 잘 하며 자신에게 몰두하는 경향이 있다. 6유형 날개가 발달된 5유형은 보다 충실하고 불안해하며 회의적이고 조심스러운 경향이 있다. 또한 그들은 과학 분야에 관심이 더 있을 수 있다.

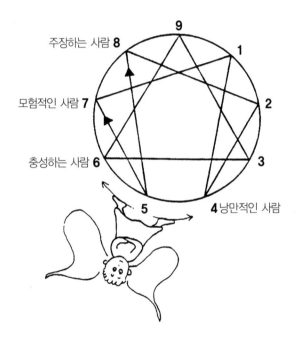

화살

에니어그램 도형에서 5유형의 화살은 각각 8유형과 7유형으로 향하고 있다. 5유형은 안정감을 느낄 때 8유형의 긍정적인 면을 보이며, 이러한 면을 의식적으로 계발할 수도 있다. 또한 5유형은 스트레스를 받을 때 7유형의 부정적인 면을 보이며, 마찬가지로 이러한 면을 의식적으로 피하려고 노력할 수 있다.

5유형이 8유형의 긍정적인 면을 보일 때

- 생각에만 머무르지 않고 행동함으로써 자신의 몸과 만나고, 몸이 지닌 힘과 에너지를 느낀다.
- 자신의 본능을 더욱 신뢰하여 즉흥적으로 반응하고 자신 있게 표현하게 된다.
- 이겨야만 하는 정당한 이유가 있다면 좀 더 단호해지며 어떠한 대가도 치르려 한다.
- 물러서지 않고 자신의 분노를 통해 힘과 동기를 얻는다.
- 한계를 분명히 표현함으로써 스스로를 지킨다.

5유형이 8유형의 부정적인 면을 보일 때

- 자신에게 잘못한 사람들을 응징하려 한다.
- 비이성적으로 행동한다.
- 다른 사람의 감정이나 욕구를 대놓고 무시한다.

5유형이 7유형의 부정적인 면을 보일 때

- 충동적으로 새로운 프로젝트를 떠맡는다.
- 산만하고 어수선하다.

5유형이 7유형의 긍정적인 면을 보일 때

- 좀 더 폭넓은 삶을 경험한다.
- 남의 시선을 덜 의식한다.
- 재미를 추구하며 개방적이 된다.

6유형

날개

5유형 날개가 발달한 6유형은 보다 내성적이고 지적이며, 신중하고 다소 냉담한 경향이 있다. 7유형 날개가 발달된 6유형은 보다 외향적이고 물질을 중시하며, 활동적이고 충동적인 경향이 있다.

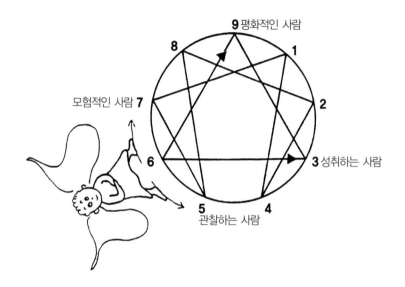

화살

에니어그램 도형에서 6유형의 화살은 각각 9유형과 3유형으로 향하고 있다. 6유형은 안정감을 느낄 때 9유형의 긍정적인 면을 보이며, 이러한 면을 의식적으로 계발할 수도 있다. 또한 6유형은 스트레스를 받을 때 3유형의 부정적인 면을 보이며, 마찬가지로 이러한 면을 의식적으로 피하려고 노력할 수 있다.

6유형이 9유형의 긍정적인 면을 보일 때

- 다른 사람에 대해 더 많이 공감한다.

- 보다 넓은 시각에서 사물을 바라본다.

- 인생을 심각하게 대하지 않고, 자신의 에너지를 자유롭게 표출한다.

- 자신의 내적 권위를 더 신뢰한다.

6유형이 9유형의 부정적인 면을 보일 때

- 집착을 멈추기 위해서 약물이나 TV, 독서, 음식, 잠에 빠져든다.

- 멍해지고 시큰둥해진다.

6유형이 3유형의 부정적인 면을 보일 때

- 바쁘게 움직임으로써 불안한 감정을 회피한다. 일 중독자가 될 수도 있다.

- 조금이라도 실패할 가능성이 있다면 어떠한 일도 시도하지 않는다.

- 안정감을 느끼기 위해 어떤 역할을 맡거나 자신의 이미지를 만들어낸다.

- 은폐하거나 출세하기 위해 거짓으로 자신을 꾸민다.

6유형이 3유형의 긍정적인 면을 보일 때

- 결단을 내리고 효율적으로 행동한다.

- 자신이 성취하는 모든 것에 대해 만족해한다.

7유형

날개

6유형 날개가 발달된 7유형은 보다 충직하고 사랑스러우며, 책임감이 강하고 걱정이 많은 경향이 있다. 8유형 날개가 발달된 7유형은 활기가 넘치고 공격적이며, 경쟁적이고 물질을 중시하는 경향이 있다.

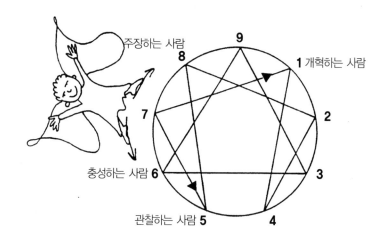

화살

에니어그램 도형에서 7유형의 화살은 각각 5유형과 1유형으로 향하고 있다. 7유형은 안정감을 느낄 때 5유형의 긍정적인 면을 보이며, 이러한 면을 의식적으로 계발할 수도 있다. 또한 7유형은 스트레스를 받을 때 1유형의 부정적인 면을 보이며, 마찬가지로 이러한 면을 의식적으로 피하려고 노력할 수 있다.

7유형이 5유형의 긍정적인 면을 보일 때

• 조용하고 자기 성찰적이며 객관적이 된다.

• 한 분야를 깊이 있게 탐구하고, 지혜와 자기 훈련에 더 큰 가치를 부여한다.

• 선과 악, 행복과 불행과 같은 인생의 양극단을 잘 받아들인다.

• 더 진지해지고 다른 사람들도 그렇게 받아들인다.

• 자신의 두려운 감정을 인정한다.

7유형이 5유형의 부정적인 면을 보일 때

• 자신의 논리를 다른 사람에게 강요한다.

• 더 자기중심적이 되며 책임을 회피한다.

7유형이 1유형의 부정적인 면을 보일 때

• 잘못된 점을 꼬치꼬치 따지고 날카롭게 비판하며 사람들을 바꾸려고 하는 등
  매우 냉소적이고 비판적인 모습을 보인다.

• 자신과 사람들을 판단하려 한다. 자신을 더 이상 긍정적으로 바라보지 않는다.

• 모든 것을 흑백논리로 판단하며 자신이 다 알고 있다고 생각한다.

• 자신이 즐겁게 지내지 못하는 것을 다른 사람의 탓으로 돌린다.

• 하나의 아이디어나 프로젝트에 강박적으로 사로잡혀 있다.

• 심하지는 않지만 매사에 짜증을 낸다.

7유형이 1유형의 긍정적인 면을 보일 때

• 더욱 생산적이 되고 맡은 일을 끝까지 해낸다. 자신의 이상을 행동으로 옮긴다.

• 자신의 즐거움보다 다른 사람의 안녕에 더 신경을 쓴다.

• 선택을 할 때, 보다 현명하게 비교하고 검토한다.

8유형

날개

7유형의 날개가 발달된 8유형은 보다 외향적이고 진취적이며 활기차고, 빠르게 행동하며 자기중심적인 경향이 있다. 9유형 날개가 발달된 8유형은 온화하고 부드러우며 수용적이고, 조용하면서도 강한 경향이 있다.

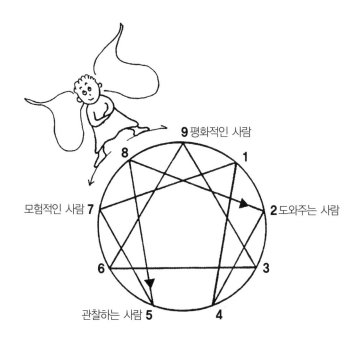

화살

에니어그램 도형에서 8유형의 화살은 각각 2유형과 5유형으로 향하고 있다. 8유형은 안정감을 느낄 때 2유형의 긍정적인 면을 보이며, 이러한 면을 의식적으로 계발할 수도 있다. 또한 8유형은 스트레스를 받을 때 5유형의 부정적인 면을 보이며, 마찬가지로 이러한 면을 의식적으로 피하려고 노력할 수 있다.

8유형이 2유형의 긍정적인 면을 보일 때

• 사람들에게 마음을 열고 자신의 연약한 면을 보인다.

• 사람들의 복지에 더 신경 쓴다.

• 사람들을 더 사랑하고 사랑스러워진다. 자신의 부드럽고 온화하고 다정한 면도
  표현한다.

8유형이 2유형의 부정적인 면을 보일 때

• 지나치게 의존적이 된다.

• 사람들에게 비현실적인 요구를 한다.

• 방어적인 태도를 취하며 과잉 반응을 보인다.

8유형이 5유형의 부정적인 면을 보일 때

• 자신만의 세계에 머무르며 소극적으로 행동한다.

• 자신의 감정을 무시한다.

• 사람들이 자신을 공격할까 두려워한다.

• 패배감에 젖고 우울해진다.

• 죄책감을 느끼고 자신을 질책한다.

8유형이 5유형의 긍정적인 면을 보일 때

• 한 발 물러나 좀 더 객관적인 시각으로 사물을 바라본다.

• 좀 더 생각한 후에 행동한다.

9유형

날개

8유형 날개가 발달된 9유형은 보다 외향적이고 적극적이며, 권위적인 것을 싫어하고 대립과 회유 사이에서 주저할 수 있다. 1유형 날개가 발달된 9유형은 보다 질서정연하고 비판적이며, 감정 조절을 잘 하고 순응적인 경향이 있다.

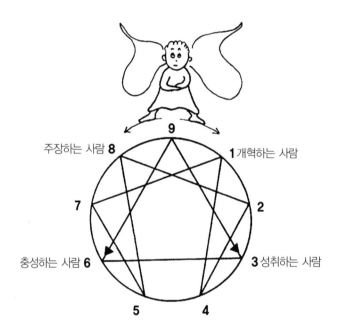

화살

에니어그램 도형에서 9유형의 화살은 각각 3유형과 6유형으로 향하고 있다. 9유형은 안정감을 느낄 때 3유형의 긍정적인 면을 보이며, 이러한 면을 의식적으로 계발할 수도 있다. 또한 9유형은 스트레스를 받을 때 6유형의 부정적인 면을 보이며, 마찬가지로 이러한 면을 의식적으로 피하려고 노력할 수 있다.

9유형이 3유형의 긍정적인 면을 보일 때

- 더 활기 있고 능률적이며 생산적이다.
- 관심의 영역을 좁혀 삶의 중심을 잡는다.
- 좀 더 자신감을 가지게 된다.
- 다른 사람의 영향에서 벗어나 자신의 삶을 더 잘 관리한다.

9유형이 3유형의 부정적인 면을 보일 때

- 자신이 감당할 수 없을 정도로 많은 일을 떠맡는다.
- 특별하다는 인정을 받기 위해 사람들에게 좋은 인상을 남기려 애쓴다.
- 자신만의 의미 있는 목표가 아니라, 사람들로부터 존경받기 위해 일한다.

9유형이 6유형의 부정적인 면을 보일 때

- 걱정과 근심에 압도된다.
- 스스로를 의심하고 우유부단하며 완고한 태도를 보인다.
- 더 수동적이고 소극적이 된다.

9유형이 6유형의 긍정적인 면을 보일 때

- 직접적이고 솔직하다.
- 충실하다.
- 실질적이고 현실적이다.

1유형

날개

2유형 날개가 발달된 1유형은 보다 따뜻하고 사람들을 잘 도와주며, 비판적이고 통제하려는 경향이 있다. 9유형 날개가 발달된 1유형은 보다 침착하고 느긋하며, 객관적이고 공정한 경향이 있다.

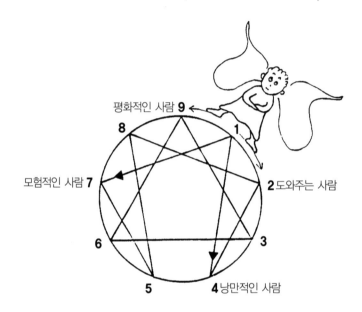

평화적인 사람 **9**

8

1

모험적인 사람 **7**

2 도와주는 사람

6

3

5

4 낭만적인 사람

화살

에니어그램 도형에서 1유형의 화살은 각각 7유형과 4유형으로 향하고 있다. 1유형은 안정감을 느낄 때 7유형의 긍정적인 면을 보이며, 이러한 면을 의식적으로 계발할 수도 있다. 또한 1유형은 스트레스를 받을 때 4유형의 부정적인 면을 보이며, 마찬가지로 이러한 면을 의식적으로 피하려고 노력할 수 있다.

1유형이 7유형의 긍정적인 면을 보일 때

• 자기비판은 줄이고 자신을 더 수용한다.

• 열정적이고 낙천적이다.

• 자연스럽고 즉흥적으로 행동한다.

• 상황의 부정적인 면보다 긍정적인 면을 보려고 한다.

• 즐거움만을 위한 활동들을 좀 더 계획한다.

1유형이 7유형의 부정적인 면을 보일 때

• 약물 남용이나 과잉 행동을 통해 자기 파괴적인 모습을 보인다.

1유형이 4유형의 부정적인 면을 보일 때

• 자신이나 주변 사람들, 또는 전반적인 삶이 자신의 기대에 부응하지 못한다는
  사실에 분개한다.

• 자신의 분노를 내적으로 돌려 우울해한다.

• 자신에 대한 신뢰를 잃거나, 사랑받지 못하고 사랑받을 수 없다고 느낀다.

• 자신이 가지지 못한 것을 갈망하며 그것을 얻지 못할 거라 여기고 절망한다.

1유형이 4유형의 긍정적인 면을 보일 때

• 깊은 내면의 감정과 만난다.

• 창의적이고 예술적인 활동에 참여한다.

2유형

날개

1유형 날개가 발달된 2유형은 보다 이상주의적이고 객관적이며, 자기 비판적이고 남을 판단하는 경향이 있다. 3유형 날개가 발달된 2유형은 보다 자신감 있고 야망이 있으며, 사교적이고 경쟁적인 경향이 있다.

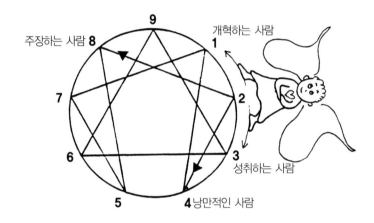

화살

에니어그램 도형에서 2유형의 화살은 각각 4유형과 8유형으로 향하고 있다. 2유형은 안정감을 느낄 때 4유형의 긍정적인 면을 보이며, 이러한 면을 의식적으로 계발할 수도 있다. 또한 2유형은 스트레스를 받을 때 8유형의 부정적인 면을 보이며, 마찬가지로 이러한 면을 의식적으로 피하려고 노력할 수 있다.

2유형이 4유형의 긍정적인 면을 보일 때

• 분노와 슬픔, 외로움을 포함한 자신의 고통스러운 감정을 인정하고 받아들인다.

• 자신을 더욱 창의적이고 예술적으로 표현하며 자신의 내면세계를 탐색한다.

• '아니요'라고 말하는 것을 포함해서 자신의 필요를 더 잘 표현한다.

• 남을 돕는 것 외에도 자존감의 원천이 되는 다른 것을 찾는다.

• 혼자 있는 법을 배우고 좀 더 사색에 잠기게 된다.

2유형이 4유형의 부정적인 면을 보일 때

• 다른 사람들과 자신을 비교하고 신세를 한탄하며 그들을 부러워한다.

• 더욱 자신에게 빠져들고 위축되며 우울해 한다.

2유형이 8유형의 부정적인 면을 보일 때

• 친절과 사랑은 없어지고, 신경질을 내고 날카롭게 공격한다.

• 완고해지고 사람들을 불신하며 고립된다.

• 남을 탓하고 상대에게 요구를 한다.

• 사람과 사물의 주도권을 잡고 통제하려고 한다.

2유형이 8유형의 긍정적인 면을 보일 때

• 자신감이 생기며 강력해진다.

• 더욱 정직하고 솔직해진다.

• 다른 사람들이 자신을 어떻게 생각하는지에 대해 신경을 덜 쓴다.

3유형

날개

2유형 날개가 발달된 3유형은 보다 따뜻하고 사람들에게 용기를 주며, 사교적이고 인기 있고 매력적이다. 4유형 날개가 발달된 3유형은 보다 내성적이고 감수성이 예민하며, 예술적이고 상상력이 풍부하며 다소 잘난 척을 하기도 한다.

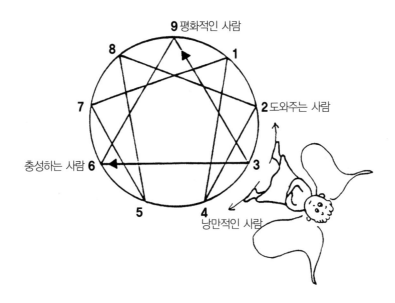

화살

에니어그램 도형에서 3유형의 화살은 각각 6유형과 9유형으로 향하고 있다. 3유형은 안정감을 느낄 때 6유형의 긍정적인 면을 보이며, 이러한 면을 의식적으로 계발할 수도 있다. 또한 3유형은 스트레스를 받을 때 9유형의 부정적인 면을 보이며, 마찬가지로 이러한 면을 의식적으로 피하려고 노력할 수 있다.

3유형이 6유형의 긍정적인 면을 보일 때

- 가족, 친구들과 더 많은 시간을 보내며 그들에게 더욱 헌신한다.
- 집단에 유익이 되는 것에 가치를 둔다.
- 자신의 감정에 솔직해진다.

3유형이 6유형의 부정적인 면을 보일 때

- 의존적이며, 거부당할까봐 두려워한다.
- 불안해하고 초조해 한다.
- 의사 결정에 어려움을 겪는다.

3유형이 9유형의 부정적인 면을 보일 때

- 우유부단하며 일을 미룬다.
- 남의 감정에 무관심하다.
- 자신을 방치하고, 때론 일, 약물, 음식, 술, 잠 등에 과도하게 빠져든다.
- 쳇바퀴 돌 듯 일을 하거나 생산적이지 못한 삶을 산다.
- 자신의 단점에 대해 이야기해 주는 사람에게 수동적인 공격성꾸물대거나 고집을 부리거나 시무룩한 태도를 보이는 등을 보인다.

3유형이 9유형의 긍정적인 면을 보일 때

- 여유 있고 느긋하며 평안하다.
- 이해심이 많아진다.
- 더 넓은 관점으로 삶을 보기 시작한다.

4유형

날개

3유형 날개가 발달된 4유형은 보다 외향적이고 긍정적이며, 야망이 있고 대담하며 남에게 보이는 이미지를 의식한다. 5유형 날개가 발달된 4유형은 보다 내성적이고 지적이며 색다르고, 자기 의견을 잘 이야기하지 않으며 우울해 하는 경향이 있다.

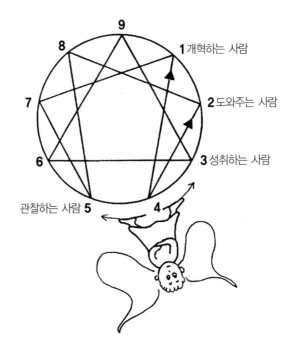

화살

에니어그램 도형에서 4유형의 화살은 각각 1유형과 2유형으로 향하고 있다. 4유형은 안정감을 느낄 때 1유형의 긍정적인 면을 보이며, 이러한 면을 의식적으로 계발할 수도 있다. 또한 4유형은 스트레스를 받을 때 2유형의 부정적인 면을 보이며, 마찬가지로 이러한 면을 의식적으로 피하려고 노력할 수 있다.

4유형이 1유형의 긍정적인 면을 보일 때

• 자기 훈련을 잘하며 현실적이다.

• 문제 해결을 잘하며 실제적이다.

• 자신의 확고한 이상과 원칙에 따라 행동한다.

• 자신의 감정에 덜 휘둘린다.

4유형이 1유형의 부정적인 면을 보일 때

• 비판적이고 다른 사람을 판단하려 들며, 옳은 일을 하는 사람이 하나도 없다는
  사실에 분노한다.

• 사람들에게 훈계하고 설교한다.

• 자신의 기대에 부응하지 못하는 삶을 사는 것에 죄책감을 느낀다.

4유형이 2유형의 부정적인 면을 보일 때

• 다른 사람들의 사랑으로 자신의 공허함과 외로움을 채울 수 있다는 잘못된 신념으
  로 사람들이 자신을 사랑하도록 조종하려고 한다.

• 자신의 욕구를 억압하고 부정한다.

• 지나치게 의존적이다.

• 특별해 보이거나 관심을 끌기 위해 아플 수도 있다.

4유형이 2유형의 긍정적인 면을 보일 때

• 의미 있는 방식으로 사람들과 소통한다.

• 자신에게 덜 몰두한다.

• 건강한 관계를 유지하며 다른 사람들의 필요를 충족시켜 준다.

에니어그램에 적용된
융의 MBTI

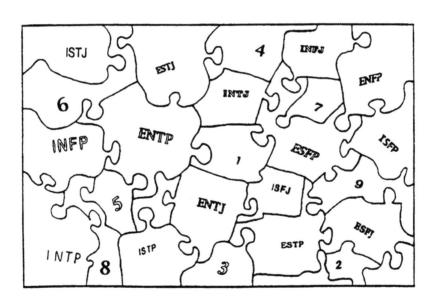

에니어그램에 적용된 융의 MBTI 유형

아홉 가지 유형 내에서의 많은 변형은 널리 알려진 마이어스–브릭스 유형 지표*MBTI 와 연관지어 설명할 수 있다. 이것은 에니어그램의 폭을 더 넓혀서 자신과 사람들을 더 정확하게 이해할 수 있게 돕는다. 여기서는 MBTI 체계에 대해 간단히 소개하고 다음과 같은 작업을 할 것이다.

- MBTI의 8가지 선호도를 정의한다.
- 키엘시Keirsey의 4가지 기질의 맥락에서 16가지 MBTI 성격을 설명한다.
- 이를 에니어그램의 아홉 가지 유형에 적용한다.
- 도표를 통해 두 체계 사이의 연관성을 살펴본다.

MBTI 인성 검사 항목 소개

사람들은 MBTI가 측정하는 8가지 성격 특성 중 4개네 쌍 중 각각 하나씩를 선호하는 것으로 알려져 있다. 인생 전반부에는 자신만의 성격을 견고히 형성하기 위해 선호하는 특성을 강화하다가, 인생의 후반부에 가서는 약한 특성을 강화해 좀 더 온전하고 균형 잡힌 성격을 갖게 된다. 예를 들어 내향형인 사람은 외향성이, 외향형인 사람은 내향성이 더 발달할 수 있는 것이다.

마이어스–브릭스 유형 지표는 칼 융의 연구에 기초한 인성 검사 도구다. 이는 개인의 선호도를 다음의 네 가지 척도로 측정한다.

---

* MBTI–이사벨 마이어스Isabel Myers와 그녀의 어머니인 캐서린 브릭스Katharine Briggs가 만든 심리검사 유형으로, 융의 심리유형에 판단형과 지각형을 추가하였다.

1. 외부 세계와 내부 세계 중 어디와 더 관련되어 있는가?

   • 외향형 Extroversion 대 내향형 Introversion

2. 어떤 방식으로 정보를 받아들이고 인식하는가?

   • 감각형 Sensing 대 직관형 iNtuition

3. 어떤 방식으로 평가하고 결정을 내리는가?

   • 사고형 Thinking 대 감정형 Feeling

4. 어떤 방식으로 살아가는가? 즉, 체계적이고 마무리를 분명히 하는 편인가 아니면 즉흥적이고 일의 가능성을 열어두는 편인가?

   • 판단형 Judging 대 지각형 Perceiving

위의 4개의 쌍에서 선호하는 특성을 하나씩 선택한 뒤, 각각의 대표 알파벳을 조합하면 그 유형의 이름이 된다. 예를 들어 외향형 Extroversion, 감각형 Sensing, 사고형 Thinking, 판단형 Judging을 선호하는 사람은 ESTJ 유형이 되는 것이다. 이런 방식으로 16가지 유형이 만들어진다. 8가지 선호도를 모두 사용하지만, 대체로 각 쌍마다 하나의 특성이 더 많이 계발되어 있는 편이다.

MBTI 선호도

외향형 대 내향형

이는 외부 세계와 내부 세계 중 어디와 더 관련되어 있는가를 측정한다.

외향형

- 활달하고 활동적이며 사람들과 있을 때 편안함을 느낀다.
- 외부 세계에서 에너지를 얻는다.
- 경험의 폭을 넓히는 데 관심이 있다.
- 말과 행동을 통해 자신이 느끼고 생각하는 바를 깨닫는다.
- 먼저 행동하고 나중에 생각하는 경향이 있다.

내향형

- 조용하고 사색적이며 일대일로 관계를 맺는 것을 선호한다.
- 혼자 있을 때 에너지를 얻는다.
- 경험의 깊이에 관심이 있다.
- 내면 과정을 통해 자신이 느끼고 생각하는 바를 깨닫는다.
- 먼저 생각하고 나중에 행동하는 경향이 있다.

감각형 대 직관형

이는 어떤 방식으로 정보를 받아들이고 인식하는가를 측정한다.

감각형

- 오감을 통해 직접적으로 얻은 정보에 의존한다.
- 실제적이고 현실적이며 현재를 중시한다.
- 미래의 가능성보다 현재 하고 있는 일에 더 관심이 있다.
- 정해진 방식으로 단계별로 일하는 것을 좋아하며, 일을 할 때 세부 사항에 주의를 기울인다.

직관형

- 직감이나 통찰, 영감을 통해 얻은 정보에 의존한다.
- 가능성에 관심이 있으며 상상력과 통찰력을 사용한다.
- 새로운 방식으로 일하는 것을 좋아하며, 그럴 때 혼신의 힘을 쏟는다.
- 큰 그림에 집중하느라 세부 사항을 무시하는 경향이 있다.

사고형 대 감정형

이는 감각과 직관을 통해 인식한 정보를 평가하여 결정할 때, 사고와 감정 중 어느 쪽을 더 판단의 근거로 삼는가(어느 쪽의 판단을 더 선호하는가)를 측정한다.

사고형

- 결정을 내릴 때 논리와 분석을 사용한다.
- 원칙과 법, 그리고 절차를 중시한다.
- 사사로운 것에 매이지 않으며 객관적이고 비판적이다.

감정형

- 개인적인 가치를 기준으로 정보를 걸러서 받아들인다.
- 조화를 중시하여 사람들을 지지해 주고 공감해 준다.
- 칭찬을 받으면 더 잘 하며 비판에 민감하다.

판단형 대 지각형

이는 외부 세계와 관계를 맺을 때 그들의 삶을 어떻게 조직하는가를 측정한다. 판단형은 사고나 감정을 사용하여 비교적 빠르게 가치 판단을 하여 결론을 낸다. 인식형은 감각과 직관을 통해 충분한 정보를 수집할 때까지 결론을 미룬다.

판단형[*]

- 비교적 체계적이고 효율적이다.
- 계획적이고 조직적으로 생활하며, 목록을 만들고 그대로 따르는 경향이 있다.
- 어떤 일을 끝맺기 위해 신속히 결정을 내린다.

지각형

- 비교적 적응력이 뛰어나고 융통성이 있으며 즉흥적이다.
- 선택의 가능성을 열어두고 새로운 가능성을 탐색한다.
- 결정을 내리기 전에 더 많은 정보를 수집하느라 일의 마무리를 미룬다.

---

[*] 판단형을 선호한다는 것이 '비판을 잘 하는' 성격을 가졌다는 의미는 아니다.

에니어그램과 MBTI 16가지 유형과의 상관관계

David Keirsey의 4가지 기질 이론에 따른 정리

전통주의자 — SJ기질

감각적으로 판단하는 사람들은

• 유능하며 다른 사람을 위해 봉사하고 어딘가에 소속되기를 원한다.

• 순종적이고 충실하며 양심적이고, 가족과 관습에 가치를 둔다.

• 현실적이고 실제적이며, 구조화된 것과 명시된 절차를 따르는 것을 좋아한다.

• 미래에 대한 걱정을 자주 한다.

• 의무감과 과도한 부담감을 가지고 있으며 이를 당연시한다.

직업: 기존에 있는 기관에서 일하거나 다른 사람에게 봉사하는 일을 하는 경우가 많다. 교사, 관리자, 간호사, 설교자, 은행원, 판매원, 공무원, 주부 등이 이에 속한다.

ESTJ 외향형, 감각형, 사고형, 판단형는 논리적이고 단호하며 유능하고 직설적이다. 그들은 어떤 일의 책임을 맡기 원하며 유능함을 가치 있게 여긴다.

ESFJ 외향형, 감각형, 감정형, 판단형는 열정적이고 따뜻하며 이야기하기를 좋아한다. 연민의 마음을 가지고 있으며 사람들에게 도움이 되기를 원한다.

ISTJ 내향형, 감각형, 사고형, 판단형는 조용하고 신중하며 정확하고 근면하다. 꼼꼼하고 일을 끝까지 잘 마무리 한다.

ISFJ 내향형, 감각형, 감정형, 판단형는 얌전하고 상냥한 편이며, 헌신적이고 꽤 신뢰할 만하다. 그들은 종종 다른 사람을 은밀히 돕는다.

활동 지향형 — SP기질

감각적으로 지각하는 사람들은
- 활동하는 것과 자유로움을 좋아하면서도 실질적이고 현실적이다.
- 긍정적이고 관대하며 열정적이다. 융통성이 있으며 즉흥적이기도 하다.
- '자유로운 영혼'이며 남들에게도 그렇게 보이기를 원한다. 그들은 제약이나 의무, 또는 반복되는 일을 싫어한다.
- 현재에 살면서 현재를 즐긴다. 그들은 장기적인 계획이나 어떠한 일을 완료하는 것에는 별 흥미가 없다.

직업: 다양하고 도전적인 일을 좋아한다. 비행기 조종사, 소방관, 구급대원, 기업가, 분쟁조정가나 운동선수가 이에 속한다. 또한 어떤 이들은 장인craftspeople, 연기자, 간호사, 교사, 보육 교사와 같은 일을 하기도 한다.

ESTP외향형, 감각형, 사고형, 지각형는 실질적이고 에너지가 넘치며 모험이나 도전에 끌린다. 조금 별나고 툭툭 던지듯이 말하는 경향이 있다.
ESFP외향형, 감각형, 감정형, 지각형는 다정하고 무던하며 이야기하기를 좋아한다. 사교적이며 사람들을 도와주는 것을 즐긴다.
ISTP내향형, 감각형, 사고형, 지각형은 조용하고 자기 의견을 잘 내세우지 않으며 독립적이고, 사람들과 어느 정도 거리를 둔다. 가끔 호기심 많은 구경꾼이 되기도 한다.
ISFP내향형, 감각형, 감정형, 지각형는 자연스럽고 온화하며, 얌전하고 충실하다. 열린 마음과 연민의 마음을 가지고 있으며 사람들을 회유하는 능력이 있다.

지식 추구자 — NT기질

직관적으로 사고하는 사람들은

- 호기심이 많으며 유능한 사람이 되고자 하는 욕구가 있다.
- 혁신적이고 분석적이며 이론적이다.
- 시야가 넓으며, 어떤 것이 지닌 가능성과 잠재력에 주목한다.
- 자신에 대한 기대치가 높다.
- 종종 권위에 도전하거나 체계를 시험하곤 한다.

직업: 과학자, 철학자, 건축가, 발명가, 엔지니어, 보안 분석가로서 아이디어를 탐구하고 모델을 개발하고 시스템을 구축한다.

ENTJ외향형, 직관형, 사고형, 판단형는 혁신적이고 논리적이며 유능하다. 직설적이고 단호하며 요구가 많고, 종종 지도자의 역할을 한다.

ENTP외향형, 직관형, 사고형, 지각형는 열정적이고 자신의 의견을 거침없이 말하며 쉽게 순응하지 않는다. 혁신적이고 독창적이나, 일의 마무리가 어려울 수 있다.

INTJ내향형, 직관형, 사고형, 판단형는 매우 독립적이고 단호하며 개인주의적이다. 목표 달성을 위해 자신과 다른 사람들을 이끄는 추진력이 있다.

INTP내향형, 직관형, 사고형, 지각형는 이론적이고 분석적이며 통찰력이 있다. 호기심이 많으며 문제를 해결하는 것을 좋아한다. 자신의 의견을 잘 표현하지 않고, 사고와 언어의 정확성을 중시한다.

정체감 추구자 — NF기질

직관적으로 느끼는 사람들은

- 자신만의 독특한 정체성을 추구하고 표현한다. 상상력이 풍부하고 통찰력이 있으나 사람들에게 가장 이해받지 못한다.
- 따뜻하고 사람들을 잘 돌보며, 인간관계에 자신의 많은 부분을 투자한다.
- 비판에 쉽게 상처받는다.
- 더 나은 세상을 만들고 사람들에게서 최선의 모습을 이끌어내는 것에 가치를 둔다. 그래서 늘 어떻게 하면 사람들이 그들의 잠재력을 최대한 발휘할 수 있을지를 연구한다.

직업: 말과 글 혹은 창작을 통해 영감을 주고 설득하는 데 소질이 있다. 소설가, 기자, 교사, 판매원, 예술가, 배우, 상담사가 이에 속한다.

ENFJ외향형, 직관형, 감정형, 판단형는 생동감 넘치고 호기심이 많으며 상냥하다. 연민의 마음을 가지고 있으며 사람들을 잘 도와주고, 양심적이며 타고난 연사나 지도자이다.

ENFP외향형, 직관형, 감정형, 지각형는 열정적이고 창의적이며 다재다능하고, 의사소통 능력이 뛰어나며 새로운 가능성을 생각해 내는 일에 소질이 있다. 일을 할 때 열정적으로 시작하지만, 다 끝마치기 전에 다른 일로 넘어가는 경향이 있다.

INFJ내향형, 직관형, 감정형, 판단형는 부드럽고 조용하며 양심적이다. 인내심이 강하며 다른 사람과의 조화를 추구한다. 자신의 원칙과 이상에 대해 조용하지만 단호한 태도를 갖고 있다.

INFP내향형, 직관형, 감정형, 지각형는 온화하고 자신의 의견을 잘 내세우지 않으며 호기심이 많다. 창의적이며 편견이 없고 이상주의적이다. 종종 독립적으로 일하는 것을 좋아한다.

에니어그램에 적용된 융의 MBTI 유형

5유형 — 관찰하는 사람

외향형(E)인 5유형은 거침없이 말하고 사교적이며, 지적인 면에서 자신의 주장을 내세운다. **내향형(I)**인 5유형은 거리를 두고 조용하며 자신의 의견을 잘 내세우지 않는다. 대다수의 5유형은 내향형이다.

감각형(S)인 5유형은 현실적이고 실제적이며 자료를 분류하는 것을 좋아한다. **직관형(N)**인 5유형은 통찰력이 있고 혁신적이며, 이론적이고 학문적인 경향이 있다.

사고형(T)인 5유형은 문제를 해결하고 결정을 내릴 때 논리와 분석을 사용한다. **감정형(F)**인 5유형은 감수성이 예민하고 사람들에게 잘 맞춰 준다. 아마도 그들은 4유형 날개가 더 발달했을 것이다.

판단형(J)인 5유형은 체계적이고 단호하며, 자신의 아이디어를 세상에 드러내는 경향이 있다. **지각형(P)**인 5유형은 완성에 중점을 덜 두며, 다른 가능성을 생각하다 곁길로 빠질 수 있다.

5유형은 '사고형'과 '내향형'이 많다.

6유형 ─ 충성하는 사람

6유형은 다른 어떤 유형보다 선호하는 것이 자주 바뀌는 경향이 있다.

외향형(E)인 6유형은 이야기하는 것을 좋아하고 사교적이다. **내향형(I)**인 6유형은 개인적이며, 자신의 의견을 잘 내세우지 않는다.

감각형(S)인 6유형은 실제적이고 신뢰할 만하며 관습을 따르는 편이다. **직관형(N)**인 6유형은 개인주의적이고 혁신적이며 미래 지향적이다. 그들은 행동보다는 말하고 생각하는 것을 선호한다.

사고형(T)인 6유형은 비판적이고 객관적이며 논리적인 경향이 있다. **감정형(F)**인 6유형은 사람들을 잘 돌보아 주고 충직하며 의존적이다. 감정형은 공포를 느끼는 상황을 두려워하기 때문에, 사고형이 감정형보다 공포에 맞서기 쉽다.

6유형은 **판단형(J)**을 선호하는 편이다. 그들은 일의 체계와 마무리를 중시한다. **지각형(P)**인 6유형은 적응력이 있고 즉흥적이다.

6유형은 MBTI 모든 유형과 관련이 있다.

7유형 — 모험적인 사람

외향형(E)인 7유형은 이야기하는 것을 좋아하며 사교적이다. 또한 일처리가 빠르고 재미있는 것을 좋아한다. 그들의 경험이나 친구관계는 광범위하면서도 다양하다. **내향형(I)**인 7유형은 개인적이고 자신의 의견을 잘 내세우지 않으며, 조금 장난스럽다.

감각형(S)인 7유형은 행동 지향적이고 놀기를 좋아하며 현실적이다. 그들은 직접적인 경험이나 관찰을 통해 배운다. **직관형(N)**인 7유형은 상상력이 풍부하고 창의적이며 혁신적인 경향이 있다.

사고형(T)인 7유형은 객관적이고 논리적이며, 도전적이고 말투가 퉁명스러운 경향이 있다. **감정형(F)**인 7유형은 온화하고 동정심이 많으며 사람을 중요하게 여긴다.

판단형(J)인 7유형은 좋은 관리자이자 프로젝트나 계획을 탁월하게 완수하는 구성원이 될 수 있다. **지각형(P)**인 7유형은 선택권을 주는 것을 좋아하고, 일을 끝까지 마무리하는 것을 힘들어할 때가 있다.

7유형은 '외향형'과 '지각형'이 많다.

8유형 — 주장하는 사람

외향형(E)인 8유형은 활기차고 에너지가 넘치며, 거침없이 말하고 일처리가 빠르다. 그들은 강력한 지도자가 된다. **내향형(I)**인 8유형은 개인적이고 자신의 의견을 잘 내세우지 않으며 조용하게 상황을 통제하는 등 외향형인 8유형과는 꽤 다른 모습을 보인다.

감각형(S)인 8유형은 현실적이고 실리적이며 구체적인 사실에 관심이 많다. **직관형(N)**인 8유형은 비전을 제시하고 혁신적인 리더가 될 가능성이 있다.

사고형(T)인 8유형은 단도직입적이고 분석적이며 퉁명스러운 경향이 있다. **감정형(F)**인 8유형은 사람들을 도와주고 지원해 준다. 또한 강요나 불공정한 대우를 받지 않는다면, 사고형인 8유형보다 통제가 덜한 편이다.

판단형(J)인 8유형은 단호하고 체계적이며 인내심이 강하다. **지각형(P)**인 8유형은 즉흥적이고 침착하지 못하며 권위주의에 반대한다.

8유형은 '외향형'과 '사고형'이 많다.

9유형 — 평화적인 사람

외향형(E)인 9유형은 사교적이고 이야기하는 것을 좋아하며 활기차다. **내향형(I)**인 9유형은 조용하면서도 친절하고 얌전하며, 자신의 의견을 잘 내세우지 않는다.

감각형(S)인 9유형은 관습을 따르는 편이고 현실적이며, 지금 이 순간을 중시하며 살아간다. **직관형(N)**인 9유형은 이상주의적이고 개인주의적이며, 아이디어와 가능성에 관심을 갖는다.

사고형(T)인 9유형은 분석적이고 비판적이며 객관적인 경향이 있다. **감정형(F)**인 9유형은 조화와 유쾌한 관계를 중시한다.

판단형(J)인 9유형은 체계적이고 생산적이며 어떠한 일이든 완결 짓기를 원한다. **지각형(P)**인 9유형은 선택의 가능성을 열어두며, 일을 끝까지 완수하는 것에 어려움을 느낀다.

9유형은 '내향형'과 '지각형'이 많다.

1유형 — 개혁하는 사람

외향형(E)인 1유형은 지도자인 경우가 많으며, 그들은 자신의 완벽주의적인 기준을 다른 사람들에게 강요한다. **내향형(I)**인 1유형은 그들의 완벽주의적인 기준을 내면에 적용하여 그들 자신을 개선하는 데 집중한다.

감각형(S)인 1유형은 실용적이고 구체적인 것을 지향하며, 규칙과 전통을 가치 있게 여긴다. **직관형(N)**인 1유형은 이상적이고 혁신적이며, 개인주의적이고 관습을 벗어나는 경향이 있다.

사고형(T)인 1유형은 논리적이고 분석적이며 비판적이다. 또한 사람보다는 사물이나 자료에 더 관심이 있다. **감정형(F)**인 1유형은 사람들을 돕는 것을 가치 있게 여기고 조화를 추구하고, 비판받는 것을 두려워하며 자신의 분노를 내부로 돌리는 경향이 있다.

판단형(J)인 1유형은 신뢰할 만하고 체계적이며 구조적이다. **지각형(P)**인 1유형은 융통성이 있고 적응력이 뛰어나며 즉흥적이다.

1유형은 '판단형'이 많다.

2유형 — 도와주는 사람

외향형(E)인 2유형은 이야기하는 것을 좋아하고 극적이며 에너지가 넘친다. 또한 사람들에게 다가가고 사람들에게 주목받는 것을 좋아한다. **내향형(I)**인 2유형은 자신의 의견을 잘 내세우지 않으며, 드러나지 않게 남을 돕는다.

감각형(S)인 2유형은 다른 사람에게 실질적이고 현실적인 도움을 준다. **직관형(N)**인 2유형은 좀 더 개인주의적이고 관념적인 세계에 산다. 그들은 설득의 기술을 개발하고 어떻게 하면 사람들이 더 나은 삶을 살 수 있을까에 대해 고민한다.

대부분의 2유형은 **감정형(F)**을 선호한다. 따뜻하고 공감을 잘하며, 그들이 처한 환경을 조화롭게 만들기 위해 노력한다. 2유형이 **사고형(T)**인 경우는 거의 없다. 그러나 2유형이 사고형의 특성을 개발하면 좀 더 일을 객관적이고 공정하게 처리할 수 있을 것이다.

판단형(J)인 2유형은 양심적이고 진지하며, 규칙을 잘 지키고 책임감이 있다. **지각형(P)**인 2유형은 좀 더 쾌활하고 적응력이 뛰어나며 즉흥적인 경향이 있다.

2유형은 '감정형'과 '외향형'이 많다.

3유형 — 성취하는 사람

3유형은 외향적이고 행동 지향적이며 일처리를 빠르게 하는 편이다. **외향형(E)**인 3유형은 의사소통을 잘하며 주목받는 것을 좋아한다. **내향형(I)**인 3유형은 조용하고 자신의 의견을 잘 내세우지 않으며 내면에 집중하는 경향이 있다.

감각형(S)인 3유형은 현실적이고 관습을 따르는 편이며, 문제를 해결할 때 세부 사항을 중시하는 경향이 있다. **직관형(N)**인 3유형은 미래 지향적이고 혁신적이며 미래에 대한 통찰력을 가지고 있다.

사고형(T)인 3유형은 객관적이고 의지가 강하며 목표 지향적이기 때문에 조직의 지도자가 되는 경우가 많다. **감정형(F)**인 3유형은 인간 중심적이고 조화를 중시한다.

판단형(J)인 3유형은 구조적이고 체계적이며 효율적이다. **지각형(P)**인 3유형은 즉흥적이고 융통성이 있으며 적응력이 뛰어나다.

3유형은 '외향형'과 '판단형'이 많다.

4유형 — 낭만적인 사람

외향형(E)인 4유형은 사교적이고 표현력이 뛰어나며 때로는 화려하기도 하다. 주로 3유형 날개가 발달되었다. **내향형(I)**인 4유형은 진지하고 소극적이며, 자신의 의견을 잘 내세우지 않는다.

감각형(S)인 4유형은 행동을 통해 자신을 표현하며 보다 현실적이다. **직관형(N)**인 4유형은 통찰력이 있고 이상주의적이며, 때로 일상의 현실보다 상상의 세계에 더 관심을 갖는다.

4유형은 **감정형(F)**을 선호한다. 그들은 감수성이 예민하고 공감을 잘하며 따뜻하다. **사고형(T)**인 4유형은 분석적이고 객관적인 경향이 있는데, 4유형이 사고형인 경우는 드물다.

판단형(J)이 지닌 특성은 4유형으로 하여금 집중하고 인내할 수 있도록 돕는다. **지각형(P)**인 4유형은 충동적이고 우유부단하며 적응력이 뛰어나다.

4유형은 '감정형'과 '내향형'이 많다.

에니어그램 유형

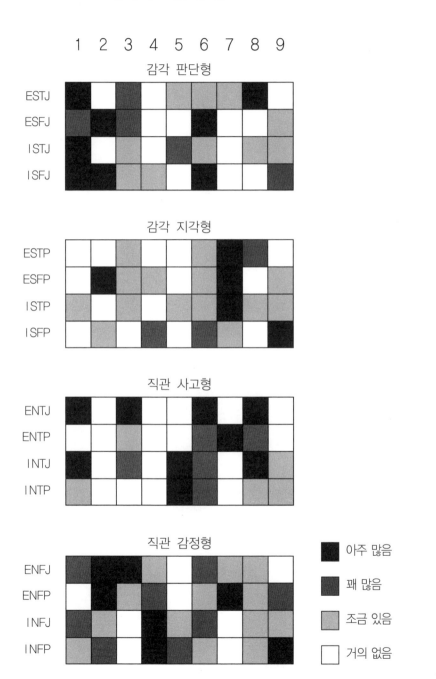

처음 만나는 에니어그램

발행일   2024년 10월 30일
지은이   엘리자베스 와겔리 · 레니 바론
옮긴이   이성심 · 박지애 · 이은영 · 이미경 · 박소형 · 한병복
펴낸이   이정수
책임 편집   최민서·신지항
펴낸곳   연경문화사
등록   1-995호
주소   서울시 강서구 양천로 551-24 한화비즈메트로 2차 807호
대표전화   02-332-3923
팩시밀리   02-332-3928
이메일   ykmedia@naver.com
값   15,000원
ISBN   978-89-8298-218-7 (03180)